말씀 심는 가족

말씀 심는 가족

백은실

규장

Contents

말씀의 반석 위에
세우는 가정

말씀에 순종하지 못한 죄

나는 대학을 졸업하고 바로 서울에 취업이 되면서 객지생활을 하게 되었다. 그렇게 수년 동안 살다 보니 크고 작은 선택과 결정을 혼자 해야 했고, 결혼 후에도 그런 습관이 쉽게 고쳐지지 않았다. 반면에 남편은 매우 섬세한 사람이었다. 작은 것도 자신과 상의해 주기를 바랐는데 나는 그것이 번거롭고 불편하게만 느껴졌다. 그래서 결혼 초에는 이런 일들로 종종 마음이 상했다.

그래서 서로 다른 부분들을 이해하기 위해 관련 서적도 읽고 대화도 했지만 생각의 차이를 쉽게 좁힐 수는 없었다. 어떤 때는 이해가 되는 듯하면서도 잘 되지 않는 상황을 여러 번 겪으며 깨달은 것은 둘 중 한 명이 틀린 게 아니라 다르다는 것이었다. 그것을 인정할 때 비로소 조금씩 서로를 이해하고 품을 수 있었다.

한 살 차이가 나는 우리 부부는 친구처럼 지냈고, 아이를 낳고서도 그랬다. 겉으로 보기에는 별 문제가 없는 가정이었지만 하나님

이 보시기에는 매우 부족할 수밖에 없었다. 우리가 생각하며 꿈꾸던 아름답고 이상적인 믿음의 가정은 하나님께서 세우신 가정의 질서에 순종했을 때 한 발자국씩 다가갈 수 있었다.

둘째가 백일이 될 무렵이었다. 여느 날처럼 말씀암송을 하고 있는데 에베소서 5장 22-24절 말씀에서 멈춰졌다.

아내들이여 자기 남편에게 복종하기를 주께 하듯 하라 이는 남편이 아내의 머리 됨이 그리스도께서 교회의 머리 됨과 같음이니 그가 바로 몸의 구주시니라 그러므로 교회가 그리스도에게 하듯 아내들도 범사에 자기 남편에게 복종할지니라

가만히 생각해 보니 이 말씀은 우리 부부가 결혼식 주례 때 받은 것이었다. 그동안 아이들을 키우고 살림을 하느라 까맣게 잊고 있었던 것이다. 나는 곰곰이 생각했다.

'남편에게 복종이라니…, 조선시대도 아니고 지금 세상에서 복종한다는 게 말이 되나! 나는 남편의 배필이자 조력자이지 복종하는 관계는 아니지. 지금처럼 사랑하고 아껴주며 살면 되지 더 이상의 노력은 무리야.'

그런데 에베소서 5장에서 6장으로 넘어가면서 뒤통수를 한 대 얻어맞은 것처럼 정신이 번쩍 들었다. 아내는 남편에게 복종해야 하고, 자녀는 부모에게, 종은 주인에게 순종해야 한다고 나와 있는 게 아닌가! 내 아이들에게 순종을 가르치고 말씀대로 살아야 한다고 강조하면서 정작 나는 남편에게 복종하지 않았다는 생각이 들었다.

솔직히 그때는 남편에게 복종하기는커녕 아이들을 말씀으로 양육하고 이끌고 있다는 이유로 남편을 내 마음대로 좌지우지했다. 그리고 남편에게 어떻게 복종해야 하는지도 잘 알지 못했다. 나는 우선 말씀대로 살지 못한 죄를 회개하며 성경의 말씀대로 순종할 수 있도록 지혜를 간구했다.

사람이 하나님의 뜻을 행하려 하면 이 교훈이 하나님께로부터 왔는지 내가 스스로 말함인지 알리라 요 7:17

세 가지 결단
그 후 나는 가정에 세우신 질서와 영적인 권위에 관한 책들을 접하면서 성경에 나오는 세 가지 결단을 했다.

첫째는 하나님께서 세우신 영적 권위에 순종하기, 둘째는 존경과 신뢰로 영적 권위에 복종하기, 셋째는 자녀 앞에서 남편을 존중하고 세워주기였다. 그리고 남편에게 존칭을 사용하기 시작했다. 이전에는 친구처럼 주고받던 말에 의식적으로 끝에 '요'자를 붙여 말했다. 처음에는 정말 어색하고 쑥스러웠다. "자기야, 식사해!"라고 했다가 잠시 후 "자기야, 식사해…요"라고 하는 웃지 못 할 상황이 벌어졌다.

꾸준히 언어 습관을 고치려고 노력한 결과로 나중에는 존칭을 쓰는 게 자연스러워지고 편해졌다. 물론 말투만으로 남편을 존경하거나 신뢰할 수 있는 건 아니지만 변화하기 위해 시도하고 노력하는 작은 행동을 통해 남편을 향한 내 태도가 많이 달라졌다.

처음에 남편에게 복종하기로 결단을 할 때는 '혹시라도 남편이 권위를 앞세워 나를 무시하거나 업신여기면 어떡하나' 하는 염려가 내 안에 있었다. 그러나 내가 성경적인 방법으로 남편에게 순종했을 때 오히려 더 큰 사랑으로 나를 아껴주고 배려해주는 그의 모습을 보게 되었다. 그리스도께서 교회를 사랑하시고 그분의 교회를 위해 자신을 주심같이 남편도 자신보다 나를 더 사랑해주었다 (엡 5:25).

하나님께서 말씀하시는 가정의 질서는 세상의 권위와는 다르다. 남편이 아내의 머리가 되는 것처럼 그리스도께서 교회의 머리가 되신다고 하신다. 가정의 권위는 남편에게 있다. 권위를 가진 자는 축복의 통로 역할을 한다. 남편은 권위자로서 예수 그리스도의 권위를 위임받아 아내와 가정을 지키고 보호하며, 생명과 축복의 통로가 되어 믿음의 아름다운 가정을 이뤄갈 수 있도록 책임지는 역할을 수행하는 것이다. 하나님께서 세우신 권위에 아내가 순복할 때 그분이 처음 가정을 세우신 목적대로 회복될 수 있다.

무조건 순종하기

남편에게 존칭을 사용하면서 시행에 옮긴 또 하나의 결단은 남편의 뜻에 무조건 순종하기였다. 나는 결혼 전에는 우겨서라도 내 뜻대로 결정을 했다. 그래서 결혼 준비를 하면서 남편과 자주 다퉜다. 신혼살림을 구입할 때도 남편은 실용적인 것을, 나는 보기 좋고 예쁜 것을 선호해서 둘 사이에 보이지 않는 신경전이 팽팽했다. 결국에는 남편이 내 의견에 맞춰주는 걸로 마무리가 되었다. 그러면 나는 마치 내 뜻이 옳은 양 기세등등했다.

이런 상황에서 늘 주도권은 내게 있었고, 결혼 후에도 여전히 남편의 권위는 내 아래에 있었다. 그랬던 내가 내 생각과 다른 일에 무조건 순종하기란 정말 어려운 일이었다. 순종은 내 뜻과 생각이 달라도 무조건 따르는 것이다. 남편의 뜻에 순종하는 건 처절한 나와의 싸움이었다. 내 뜻을 굴복시키고 내 안에 있는 자아를 끊임없이 죽이며 십자가 앞에 나를 내려놓아야 했다.

내 마음에서는 엄청난 전쟁이 일어났다. 순종하자니 자존심이 상하고, 불순종하자니 말씀에도 불순종하게 되는 것이라 매번 어떤 결정을 내려야 하는 것 자체가 괴로웠다. 하지만 나는 모든 권위의 자리를 제자리로 돌려놓기 시작했다. 처음에는 정말 어려웠지만 시간이 흐르면서 '순종이 제사보다 낫다'는 것을 점점 알게 되었다. 남편도 그런 내 마음을 헤아려주고 보듬어주며 최고로 멋진 권위자로서의 면모를 보여주었다. 그때마다 남편을 신뢰하고 존경하는 마음이 생겨나고, 가정의 질서가 바로 세워져 말씀의 반석 위에 굳건히 서 가는 것을 알게 되었다.

하나님이 세우신 가정의 질서를 회복하기 위한 세 번째 결단은 아이들과 가족들 앞에서 남편의 권위를 세워주는 것이다. 주말 부부로 5년 동안이나 지내다 보니 아이들은 아빠보다 나와 시간을 더 많이 보내게 되었다. 그래서 자연스럽게 아빠보다는 나를 더 신뢰했다. 남편이 아이들에게 뭔가를 요구하면 아이들은 내게 와서 그것을 할 것인가를 꼭 물었다. 그래서 내가 아이들에게 말했다.

"우리 집의 대장은 아빠란다. 아빠가 말씀하시면 무조건 그 말씀에 순종해야 해."

그리고 아빠가 된다고 하면 되는 것이고, 안 된다고 하면 안 되는 거라는 걸 아이들 앞에서 내가 먼저 순종함으로 본을 보였다. 아이들에게도 그동안 뒤바뀌어 있었던 권위의 자리가 바로 섰고, 이

과정을 통해 부모와 자녀들의 관계에도 자연스럽게 영향을 미쳤다. '남자는 여자하기 나름'이라는 광고 문구처럼 가정의 질서도 여자 하기 나름이다. 아내로서 엄마로서 세워주신 권위의 자리에 말씀대 로 순종하며 나아갈 때 하나님께서는 최고의 권위자로 친히 그 가 정을 축복의 자리로 이끄신다. 모든 축복은 위에서 아래로 흐르기 때문이다.

자녀들아 주 안에서 너희 부모에게 순종하라 이것이 옳으니라 네 아버지 와 어머니를 공경하라 이것은 약속이 있는 첫 계명이니 이로써 네가 잘 되고 땅에서 장수하리라 엡 6:1-3

부모의 권위

부모에게 주신 권위도 하나님으로부터 온다. 하나님께서 부모를 통해 자녀에게 가르치는 첫 번째 덕목은 '순종'이다. 하나님은 자녀 들이 그분의 질서에 순종하기를 원하신다. 아내의 머리에 남편이 있 듯이 자녀들의 머리에는 하나님의 축복의 통로인 부모가 있다.

어느 날 온유가 내게 물었다.

"엄마, 우리 집의 대장은 누굴까요?"

"당연히 아빠지."

"땡! 아니에요. 우리 집의 대장은 당연히 하나님이시죠. 몰랐어요?"

나는 남편의 권위를 세우고자 늘 아빠를 대장이라고 말했는데, 아이들은 한 걸음 더 나아가 아빠보다 더 높으신 하나님을 알고 있었다.

또 우리 육신의 아버지가 우리를 징계하여도 공경하였거든 하물며 모든 영의 아버지께 더욱 복종하며 살려 하지 않겠느냐 히 12:9

하나님은 육신의 아버지를 공경하는 것을 통해 영의 아버지께 복종하도록 하신다. 부모의 권위에 순종하며 자신의 이기심과 욕심을 내려놓고 결국 하나님께 순종하도록 질서를 세우셨다. 부모가 하나님의 위임자로서 그분을 경외하고 세우신 질서에 먼저 순종하는 삶을 보이며 자녀들을 말씀으로 인도할 때, 자녀들은 존경과 공경으로 부모에게 순종하며 신앙과 인성과 영적인 모든 것들을 하나님께 내어드리는 믿음의 아이들로 자라게 될 것이다.

믿음의 가정에서 누릴 수 있는 온전한 은혜와 축복은 하나님께서 세우신 질서와 권위에서 오는 것임을 깨닫고 순종할 때 시대적 사명을 감당하는 아름다운 가정으로 세워질 것이다.

Part 1

사명으로
사는 가족

자녀들에게 신앙과 믿음을 전수하는 일은

부모의 사명이자 다음 세대를 향한 주님의 뜻이기도 하다.

복음의 불씨가 주님이 다시 오시는 그날까지 이어지기를 바란다면

자녀의 신앙에 있어서만큼은 타협하지 말아야 한다.

불변의 진리 앞에 굳건한 믿음으로 부모의 사명을 충성되게 감당해야만 한다.

chapter 1

부모는 사명자

또 다른 이름, 엄마

우리 부부는 결혼한 지 한 달 만에 첫 아이를 상급으로 받았다. 하나님의 정확한 때에 아이를 주시기를 바랐지만 그렇게 일찍 주실지는 몰랐다. 당시 남편은 학생이었고, 내가 생계를 책임지던 시절이었다. 나는 한창 꿈과 포부가 많던 디자이너였기에 아이의 잉태 소식은 청천벽력 같았다. 아이를 주신 기쁨보다는 '일을 못하게 되면 앞으로의 삶은 어떡하나' 하는 고민으로 남편에게 짜증을 많이 부렸다.

그때 나는 엄마로서 준비되어 있지 않았고, 무엇을 어떻게 해야 하는지도 전혀 몰랐다. 사랑하는 사람과 결혼해서 아이가 생기고 자연스럽게 붙여진 또 다른 이름이 '엄마'였다. 아이가 백일쯤 됐을 때 나는 회사에 복직했다. 아이를 떼어놓고 출근하는 게 힘들었지만 당시 내 생각과 계획에는 충분한 이유가 있는 선택이었다.

야근을 하고 밤늦게 퇴근할 때면 아이를 어린이집에서 데려와 또 이웃집에 맡겨야 했다. 남편과도 주말부부였기에 그 시간은 아이에게도 내게도 쉽지 않았다.

어느 날 남편이 어린이집이 끝나갈 무렵 아이를 데리러 갔다. 그런데 커다란 어린이집에 덩그러니 TV만 켜져 있고, 구석에 혼자 벽을 보고 누워 자는 아이를 보게 되었다. 그 모습을 보고 집에 와서 두 눈이 빨개지도록 아이를 안고 몇 시간을 울었다며 퇴근하고 온 내게 말했다.

"우리의 삶은 하나님께서 전적으로 책임져주실 것이니 우리에게 맡겨주신 하나님의 존귀한 자녀를 엄마인 당신이 직접 양육했으면 좋겠어요."

여느 때 같으면 일을 해야만 하는 여러 가지 이유들을 나열하며 반박했을 텐데 나는 아무 말도 하지 못했다. 그리고 남편을 부둥켜 안고 울며 하나님의 인도하심을 기대하게 되었다. 결국 복직한 지 한 달 만에 일을 그만두었다. 그리고 세상에 광고 디자이너라는 이름으로 살아가는 사람은 많지만 아이에게 엄마는 단 한 명이라는 생각에 일을 내려놓을 수 있었다.

그렇게 아이를 직접 양육하기 시작하면서 하나님의 전적인 개입

하심이 시작되었다. 남편에게 직장을 허락하셔서 생계의 걱정을 덜게 하셨고, 아이에게 좋은 믿음의 엄마가 되기 위한 훈련을 하게 하셨다. 결국 광고 디자이너였던 내게 하나님께서 광고주가 되어 그분이 맡겨주신 자녀들에게 주의 교훈과 훈계로 디자인하도록 의뢰하셨다. 지금도 나는 광고주의 의뢰대로 하나님의 방법과 말씀으로 자녀들을 디자인하고 있다. 그러면서 부모로서의 특별한 사명을 말씀을 통해 받게 되었다.

이스라엘아 들으라 우리 하나님 여호와는 오직 유일한 여호와이시니 너는 마음을 다하고 뜻을 다하고 힘을 다하여 네 하나님 여호와를 사랑하라 오늘 내가 네게 명하는 이 말씀을 너는 마음에 새기고 네 자녀에게 부지런히 가르치며 집에 앉았을 때에든지 길을 갈 때에든지 누워 있을 때에든지 일어날 때에든지 이 말씀을 강론할 것이며 너는 또 그것을 네 손목에 매어 기호를 삼으며 네 미간에 붙여 표로 삼고 또 네 집 문설주와 바깥 문에 기록할지니라 신 6:4-9

가정은 하나님의 가르침을 구체적으로 실현할 수 있는 최초의 교육 공간이다. 그리고 최고의 교육을 가르칠 수 있는 사람은 바로 부모이다. 하나님께서 우리를 부모로 불러주셨을 때 자녀에게 말씀과 신앙을 전수하라는 사명도 함께 주셨다. '네 자녀에게 부지런히 가르치라'고 말씀하신다. 집에 앉았을 때나 길을 갈 때나 누워 있을 때나 일어날 때나 이 말씀을 강론할 것을 말씀하셨다. 말씀대로라면 하루 종일 해야 한다. '이를 어떻게 가르칠 수 있을까'라고 고민하고 있을 때 그것이 바로 전인적인 신앙 교육이며, 예수님의 임재라는 것을 깨닫게 해주셨다.

자녀의 모든 삶 속에서 창조주 하나님의 섭리와 복음과 내 죄 때문에 십자가를 지신 구원의 예수님과 부활의 주님을 가르치고, 그 마음에 살아 계신 하나님의 말씀을 심어야 한다. 자녀의 인생이 오로지 말씀에 붙들려 말씀이 곧 삶이 되는 사람으로 자라게 하는 게 부모의 놀라운 특권이자 사명이다. 부모의 사명은 오직 주의 교훈과 훈계로 양육하는 것이다.

또 아비들아 너희 자녀를 노엽게 하지 말고 오직 주의 교훈과 훈계로 양육하라 엡 6:4

세상은 일류 대학을 가고 일류 기업에 입사하는 것을 성공의 기준으로 삼는다. 안타까운 것은 교회 안에서도 세상의 잣대가 통한다는 것이다. 하지만 분명한 것은 가장 귀한 축복은 예수님을 잘 믿는 것이고, 하나님을 경외하며 예배하는 사람이 잘되고 성공한 사람이라는 것을 잊지 말아야 한다. 최고의 대학, 최고의 기업에 들어갔다 할지라도 하나님을 떠난 사람은 위기의 시대에 죄악 가운데에 있을 수밖에 없다. 자녀에게 줄 수 있는 가장 귀한 선물은 '믿음'

이다. 하나님을 바르게 믿고 참된 신앙의 고백을 하며 하나님의 하나님 되심을 자녀가 안다면 그것이 성공이고 진정한 축복이다.

또 어려서부터 성경을 알았나니 성경은 능히 너로 하여금 그리스도 예수 안에 있는 믿음으로 말미암아 구원에 이르는 지혜가 있게 하느니라 모든 성경은 하나님의 감동으로 된 것으로 교훈과 책망과 바르게 함과 의로 교육하기에 유익하니 이는 하나님의 사람으로 온전하게 하며 모든 선한 일을 행할 능력을 갖추게 하려 함이라 딤후 3:15-17

믿음의 유업

믿음의 종주국인 영국의 현실에 대한 다큐멘터리를 본 적이 있다. 100년 전 세계를 복음화시켰던 영국, 그 현실은 참으로 통탄스러웠다. 교회들이 술집이나 카페로, 심지어 이슬람 사원으로 바뀌어 있었다. 젊은이들은 예수님의 존재를 모르거나 부인했고, 샤머니즘이나 다른 종교에 심취해 있었다. 그나마 남아 있는 교회에서는 백발의 노인들만 몇몇 앉아 예배를 드렸다.

과거 열방에 복음을 흘려보내는 일에 귀하게 사용되었지만 정작 다음 세대에게 믿음을 전수하지 못했기에 그곳에서의 복음은 멈췄다. 그 모습을 보며 안타까움과 함께 경각심이 들었다.

'우리나라도 다음 세대에게 복음을 전수하지 못한다면 유럽의 수

많은 교회처럼 될 것이다.'

신약에서의 지상명령이 예루살렘과 온 유대와 사마리아와 땅 끝까지 복음을 증거하는 것이라면, 구약에서의 지상명령은 자자손손 대대로 믿음의 유업을 이어나가는 일이다. 이 두 가지가 균형 있게 이뤄져야 한다. 자녀들에게 신앙과 믿음을 전수하는 일은 부모의 사명이자 다음 세대를 향한 주님의 뜻이기도 하다. 복음의 불씨가 꺼지지 않고 주님이 다시 오시는 그날까지 이어지기를 바란다면 맡겨주신 자녀의 신앙에 있어서만큼은 타협하거나 양보하지 말아야 한다. 불변하는 진리 앞에 굳건한 믿음으로 부모의 사명을 충성되게 감당해야만 한다.

마땅히 행할 길을 아이에게 가르치라 그리하면 늙어도 그것을 떠나지 아니하리라 잠 22:6

부모는 청지기

하나님께서는 내게 네 명의 자녀를 주셨다. 사람들은 내가 양육을 잘해서 하나님께서 계속 자녀들을 맡겨주시는 거라고 좋은 말을 해준다. 하지만 실은 정반대라고 나는 생각한다. 얼마나 못하면 한 번 더 기회를 주시는 걸까. '정말 마지막이라는 생각으로 다시 주신 기회에 최선을 다해야지' 하며 결단한다. 물론 아직도 부족하기에 더 많은 연단과 훈련을 받고 있다.

네 아이를 양육하고 있는 게 큰 축복이고 감사의 제목임에 틀림없지만 때때로 아이들을 제대로 양육하지 못하고 있는 것에 대한 두려움과 염려가 확 몰려온다. 또한 가끔은 아이들이 내 것이라는 착각이 들 때도 있다. 청지기로 부르심을 받았음에도 주인의 뜻대로 맡기신 사명을 감당하지 못하고 아이들이 내 것인 양 굴 때가 있다. 그럴 때면 나는 우리 집 거실 한가운데에 몰래카메라가 설치되어 있다는 상상을 해본다. 누군가가 나를 지켜보고 있다고 생각하면 말과 행동이 매우 조심스러워지기 때문이다.

날마다 내 안에 거주하시는 주님과 동행한다고 하면서도 주님을 배제한 채 살아갈 때가 너무나 많다. 맡겨주신 자녀를 은혜와 사랑으로 잘 돌보고 있는지 몰래카메라로 지켜보는 곳이 다름 아닌 천국이라고 가정한다면 삶의 모든 태도는 확연하게 달라진다. 자녀 양육에 있어서도 코람데오의 삶이 적용되어야 한다.

요즘 어린이집에서 생기는 일들, 아이의 생명까지도 위협하는 문제 등의 여러 문제를 뉴스로 접한다. 부모들은 어쩔 수 없이 보육기관에 자녀를 맡기면서도 불안해한다. 하지만 우리 하나님은 불완전한 우리에게 당신의 존귀한 자녀를 맡겨주셨다. 우리가 부모로서의 자질과 능력이 충분해서 자녀를 맡겨주신 게 아니다. 주께서 나를 충성되이 여겨주셨기 때문이다. "맡은 자들에게 구할 것은 충성이니라"라고 말씀하신다(고전 4:2). 어떤 일을 하더라도 맡겨주신 사명에 충성할 때 하나님께서 생명의 면류관을 주신다고 약속하셨다.

부모의 또 다른 이름은 '청지기'이다. 청지기는 위임받은 대리인이자 관리자를 말한다. 하나님께서는 그분의 청지기로 부모를 세우셨다. 이들은 주인의 것을 소유할 수 없다. 그저 주인의 것을 잘 관리하며 그의 마음을 시원하게 하는 얼음 냉수처럼 자신의 일을 충성되게 감당하기만 하면 된다(잠 25:13). 달란트 비유와 같이 내게 잠시 맡겨주신 주님의 자녀들을 주님 앞에 다시 내어드릴 때 다섯 달란트와 두 달란트 받았던 자처럼 '착하고 충성된 종'이라고 칭함을 받을지, 아니면 한 달란트 받았던 자처럼 '악하고 게으른 무익한 종'이라는 칭함을 받을지는 그분 앞에 섰을 때 알게 될 것이다.

그 주인이 이르되 잘하였도다 착하고 충성된 종아 네가 적은 일에 충성하였으매 내가 많은 것을 네게 맡기리니 네 주인의 즐거움에 참여할지어다 하고 마 25:21

청지기는 주인이 있어야만 가능한 존재이다. 그의 모든 소유도 주인의 것이다. 우리의 주인은 하나님이시기에 맡겨주신 자녀 또한 주님의 것이며 하나님의 뜻을 제대로 알고 그분을 대신해 자녀들을 말씀으로 진리의 길, 생명의 길로 이끌어야 한다.

나를 능하게 하신 그리스도 예수 우리 주께 내가 감사함은 나를 충성되 이 여겨 내게 직분을 맡기심이니 딤전 1:12

부모는 제사장

하나님의 말씀을 너희에게 일러주고 너희를 인도하던 자들을 생각하며 그들의 행실의 결말을 주의하여 보고 그들의 믿음을 본받으라 예수 그리 스도는 어제나 오늘이나 영원토록 동일하시니라 히 13:7,8

아이들은 내 과거 이야기를 궁금해한다.

"엄마는 어떻게 하나님을 믿게 되었어요?"

"어떻게 아빠를 만나 결혼하게 되었어요?"

"나는 엄마 배 속에서부터 말씀을 들었어요, 아니면 태어나서 들었어요?"

나는 이런 질문에 옛날이야기를 들려주듯이 답을 해준다. 아이가 신앙의 어떤 문제 앞에 고민하고 염려할 때 아빠와 엄마도 그런 시기가 있었다고 이야기하며, 부모이기 이전에 신앙의 선배로서 먼저 공감해주고 경험했던 일들을 나누면서 자연스럽게 하나님의 인도하심과 살아 계심을 증거해야겠다고 생각했다.

하나님께서는 자녀들이 믿음의 길과 진리의 길로 걸어갈 수 있도록 부모를 먼저 세우셨다. 부모는 하나님의 뜻을 자녀에게 보이며 살아 계신 하나님의 은혜와 생명의 말씀을 자녀들에게 전해야 하는 선지자이자 제사장이다. 하나님이 자녀를 얼마나 사랑하시는지를 알려주고, 그분의 사랑의 증거인 예수님을 소개하고, 그리스도인으로 살아갈 수 있도록 안내하는 역할을 감당해야 한다.

아이들에게 말씀을 심고 다음 세대를 세우는 사명은 결코 쉽지 않다. 그것은 믿음으로 가야 하는 길이고, 좁고 협착한 길이다. 우리가 자녀의 마음에 하나님의 빛을 비추길 소원하며 온 마음과 뜻을 다해 말씀을 심고 신앙을 전수할 때 하나님은 놀라운 지혜와 사랑으로 자녀들을 이끌어주시고 친히 인도해주신다. 말씀 중심의 교육은 자녀의 의지로 되는 일이 아니다. 오직 주님의 주권 아래 부모의 사명과 청지기의 충성으로, 생명의 길을 향해 사랑과 헌신으로 자녀를 인도해야 한다. 이것이 주님이 부모에게 주신 명령임을 잊지 말아야 한다.

우리가 이를 그들의 자손에게 숨기지 아니하고 여호와의 영예와 그의 능력과 그가 행하신 기이한 사적을 후대에 전하리로다 여호와께서 증거를 야곱에게 세우시며 법도를 이스라엘에게 정하시고 우리 조상들에게 명령하사 그들의 자손에게 알리라 하셨으니 이는 그들로 후대 곧 태어날 자손에게 이를 알게 하고 그들은 일어나 그들의 자손에게 일러서 그들로 그들의 소망을 하나님께 두며 하나님께서 행하신 일을 잊지 아니하고 오

직 그의 계명을 지켜서 그들의 조상들 곧 완고하고 패역하여 그들의 마음이 정직하지 못하며 그 심령이 하나님께 충성하지 아니하는 세대와 같이 되지 아니하게 하려 하심이로다 시 78:4-8

부부의 책응성

무엇보다도 뜨겁게 서로 사랑할지니 사랑은 허다한 죄를 덮느니라

벧전 4:8

우리 부부의 대화는 한번 시작하면 끝날 줄 모른다. 나란히 누워 밤이 새는 줄도 모르고 이런저런 이야기꽃을 피울 때가 많다. 주로 아이들을 생각하며 양육에 관한 여러 가지 말씀과 훈련에 대한 것을 나누고, 서로가 아이들에게 잘못하는 부분이나 부족한 부분들을 나누며 반성의 시간을 갖는다. '다음부터는 이렇게 하지 말고 저렇게 하자' 하며 서로에게 주신 지혜를 나누는 이 시간이 참으로 값지고 감사하다.

'책응'(策應)이라는 말이 있다. 계책(허물이나 잘못을 꾸짖어 각성하는 마음이 생기게 함)을 통해 서로 응하고 돕는다는 뜻이다. 우리는 서로에게 책응성을 요구할 때가 있다. 처음에는 서로의 잘못을 지적하는 이 시간이 어렵게 느껴졌다. '나는 그렇다 치더라도 당신은 얼마나 잘하기에 그런 말을 하냐'는 식의 마음이 들 때가 많았다. 그래서 처음에는 서로 기분이 몹시 상하고 괴로웠다. 하지만 이런 시간이 쌓여갈수록 서로의 부족함을 용납하게 되었고, 기분 나쁠 법한 조언도 감사함으로 받아 고치려고 노력하는 모습들로 바뀌었다.

나를 돌아보게 되고, 서로의 부족한 부분을 채워주고, 무엇보다 아이들에게 거울이 되는 부모가 되기 위해 다시금 재정비하게 되었다. 가끔 잠잘 준비를 하는 아이들에게서 조용히 좀 해달라는 핀잔을 들을 때도 있지만 이 시간이 우리 부부에게는 정말 귀하다. 대화를 통해 반성하고 회개하며 하나님의 마음을 품고 하나님이 주신 부모의 사명을 잘 감당하는 부모로 한 발자국씩 다가서게 해주기 때문이다.

검객과 칼갈이

물론 아이들과 암송하면서 날마다 기쁘고 행복한 것만은 아니다. 수년째 하고 있지만 하루에도 수없이 천국과 지옥을 오가며 힘겨운 영적싸움을 해야만 한다. 그러다가도 한두 구절씩 쌓여 암송 파티를 열어주는 기쁨의 시간이 다가올 때는 눈물겹도록 감사하고 행복하다.

아이들의 가슴에 새겨진 말씀이 역사하고 말씀대로 살아가는 모습이 하나씩 열매로 맺히는 것을 보면 힘들어도 기쁨으로 아이들에게 말씀을 심게 된다. 아이들의 마음에 심은 말씀의 씨앗이 뿌리를 잘 내려 싹이 나고 잎이 자라 튼실한 열매를 맺길 간구하면서….

그런데 무감각해져가는 우리의 모습과 마음을 두고 남편과 함께 회개한 일이 있었다. 첫째 조이가 처음으로 창세기 1장 1절을 말도 안 되는 발음으로 암송했을 때는 정말 기뻐서 남편과 함께 눈물을 흘리며 행복해했다. 이후 아이들의 마음에 더 많은 말씀이 심겨지고 하나님의 크신 은혜와 역사를 경험했다.

그럼에도 그때의 감격과 기쁨을 누리지 못했고, 아이들이 암송하는 구절 수는 많아졌지만 말씀에 대해 점점 무감각해져갔다. 우리는 이를 두고 회개와 감사의 기도를 올려드렸다. 정말 우리가 무엇이기에 주께서 우리를 생각하시고 돌보시는지 그분의 은혜를 생각할 때마다 깊은 감사를 드리지 않을 수 없었다.

여호와께서 집을 세우지 아니하시면 세우는 자의 수고가 헛되며 여호와께서 성을 지키지 아니하시면 파수꾼의 깨어 있음이 헛되도다 너희가 일찍이 일어나고 늦게 누우며 수고의 떡을 먹음이 헛되도다 그러므로 여호와께서 그의 사랑하시는 자에게는 잠을 주시는도다 보라 자식들은 여호와의 기업이요 태의 열매는 그의 상급이로다 젊은 자의 자식은 장사의 수중의 화살 같으니 이것이 그의 화살통에 가득한 자는 복되도다 그들이 성문에서 그들의 원수와 담판할 때에 수치를 당하지 아니하리로다 시 127:1-5

"젊은 자의 자식은 장사의 수중의 화살 같으니 이것이 그의 화살통에 가득한 자는 복되도다"라는 말씀처럼 내 복된 화살통에는 네 개의 화살이 꽂혀 있고, 나는 이 화살들이 성문에서 원수와 담판할 때 수치를 당하지 않도록 하기 위해 매일 화살촉을 날카롭게 하는 일을 하고 있다.

자녀에게 살아 있고 활력이 있어 좌우에 날선 어떤 검보다도 예리하여 혼과 영과 및 관절과 골수를 찔러 쪼개기까지 하는 하나님의 말씀 곧 성령의 검을 가질 수 있게 해야 한다. 더 혼탁해지고 어두워질 세상에서 마귀의 간계를 능히 대적하고 살아남을 수 있는 유일한 무기는 말씀밖에 없기 때문이다.

조이의 암송 축하 파티 때 썼던 편지이다.

조이야, 고생 참 많았어. 지금의 네 수고와 애씀이 네 삶에 감당할 수 없는 은혜와 축복으로 올 날이 머지않았단다. 우리 조금만 더 인내하며 노력하자. 하나님께서 우리에게 주신 큰 구원의 은혜가 있는데 그것에 조금이라도 보답하기 위해 준비된 그릇이 되자. 어렵고 힘들게 준비되는 만큼 하나님께서 조이를 크게 사용해주시고 역사하시리라고 엄마는 믿어.

조이야, 엄마는 네 칼갈이에 불과하지만 너는 하나님의 말씀을 가진 칼잡이이니 열심히 성령의 검을 연마하여 멋진 하나님의 검객이 되기를 바란다. 네가 가진 성령의 검으로 멋지게 하나님을 위해 싸워라!

네 이름처럼 기쁨으로 면류관을 올려드리는 그날까지 파이팅이야! 축복한다, 조이야. 사랑해 그리고 축하해.

매일 자녀의 마음에 말씀을 심고 가르치며 말씀대로 삶을 살 수 있도록 도울 때 그 눈물의 수고와 애씀이 헛되지 않고 하나님나라의 영광을 위해 아름답게 쓰이게 될 거라고 믿는다.

눈물을 흘리며 씨를 뿌리는 자는 기쁨으로 거두리로다 울며 씨를 뿌리러 나가는 자는 반드시 기쁨으로 그 곡식 단을 가지고 돌아오리로다

시 126:5,6

chapter 2

말씀 심는 엄마

말씀 먹는 엄마

처음부터 준비된 엄마로 영적으로 충만하게 모든 것을 감당할 수 있다면 무슨 고민이 있을까. 아이들을 말씀으로 인도하며 가르칠 때마다 속속들이 드러나는 내 부족함과 연약함으로 한숨지을 때가 많았다. 그래서 아이들에게 마땅히 행할 일들을 가르치며 신앙훈련을 해오고 있지만, 오히려 아이들을 통해 내가 연단되고 다듬어지는 모습을 보게 된다.

종종 한심하고 내 모자란 모습에 실망하기도 하고, 부족하고 연약한 모습에 후회의 눈물을 흘리기도 한다. 아이들 앞에서는 늘 강인하고 엄격한 엄마이지만 정작 하나님 앞에서는 한없이 약하고 작은 나이다. 하지만 내 연약함과 부족함을 통해 약할 때 강함 되시는 주님의 능력을 신뢰했을 때, 모든 낙심에서 다시 일어설 수 있는 힘을 얻을 수 있었다.

나에게 이르시기를 내 은혜가 네게 족하도다 이는 내 능력이 약한 데서 온전하여짐이라 하신지라 그러므로 도리어 크게 기뻐함으로 나의 여러 약한 것들에 대하여 자랑하리니 이는 그리스도의 능력이 내게 머물게 하려 함이라 고후 12:9

만약 내 안에 말씀이 함께하시지 않았다면 지금 나는 형편없는 엄마의 모습으로 살아가고 있을지도 모르겠다. 주님은 내 마음판에 새겨진 말씀을 통해 부족한 내 모습을 조명해주시고, 성령으로 인도해주시며, 나를 말씀 심는 엄마로 만들어가셨다.

성경을 많이 알아야 말씀대로 가르칠 수 있을 것 같아 신앙 서적들을 내려놓고 닥치는 대로 성경 말씀을 읽기 시작했다. 생명을 공급받을 수 있는 여러 통로 중 말씀 읽기와 암송은 자녀들을 말씀대로 이끄는 데 가장 중요한 지침서이자 하나님의 지혜를 배울 수 있는 유일한 안내서이다. 육아와 살림 속에서 바쁘다는 핑계로 그동안 열심을 다하지 못했던 말씀을 전투적으로 붙들기로 결심했다.

이 일의 열매는 첫째 조이였다. 엄마의 성경 읽는 모습에 도전을 받은 조이는 엄마처럼 해보겠노라고 도전장을 내밀었다. 어른들의 백 마디의 말보다 한 번의 본보기가 아이들을 깨울 때가 있다. 늘 말씀 가운데에 거하며 성령의 인도하심을 따라 자녀들을 주의 교훈과 훈계로 양육해야 하는 일은 하나님께서 부모에게 허락하신 명령이자 사명이다.

하늘 아버지에 비하면 한없이 부족하고 연약한 부모이지만 맡겨 주신 자녀들을 말씀으로 잘 이끌어야 할 책임이 있기 때문에 성경을 읽고 말씀을 먹으며 하늘의 지혜를 구하고, 내 의와 계획이 아니라 내 안에 계시는 말씀이 능력으로 나타나 역사해주시기를 간구해야 한다.

> 너희 중에 누구든지 지혜가 부족하거든 모든 사람에게 후히 주시고 꾸짖지 아니하시는 하나님께 구하라 그리하면 주시리라 약 1:5

> 우리 주 예수 그리스도의 하나님, 영광의 아버지께서 지혜와 계시의 영을 너희에게 주사 하나님을 알게 하시고 너희 마음의 눈을 밝히사 그의 부르심의 소망이 무엇이며 성도 안에서 그 기업의 영광의 풍성함이 무엇이며 그의 힘의 위력으로 역사하심을 따라 믿는 우리에게 베푸신 능력의 지극히 크심이 어떠한 것을 너희로 알게 하시기를 구하노라 엡 1:17-19

말씀을 먼저 새기라

하나님께서 신명기 6장 6절 말씀을 통해 "오늘 내가 네게 명하는 이 말씀을 너는 마음에 새기고"라고 말씀하셨다. 그리고 7절에 "네 자녀에게 부지런히 가르치며 집에 앉았을 때에든지 길을 갈 때에든지 누워 있을 때에든지 일어날 때에든지 이 말씀을 강론할 것이며"라고 명령하셨다. 자녀에게 가르치기 이전에 말씀을 내 마음에 먼저 새기라고 하신 이유는 말씀을 가르치는 자가 말씀을 알지 못한다면 소경이 길을 이끄는 것과 같고, 농사를 한 번도 지어보지 않은 사람이 씨를 부리는 것과 다름없기 때문이다.

자녀를 말씀으로 부지런히 가르치는 게 마땅한 일이지만 그 이전에 엄마의 마음에 말씀을 새겨야 한다. 말씀 심는 엄마가 되기 위해서는 먼저 말씀 먹는 엄마가 되어야 한다. 먼저 내가 말씀을 먹어야 은혜와 능력을 경험하고 놀라우신 섭리와 진리를 자녀에게 가르쳐 줄 수 있다.

지혜와 능력도 없는 내가 자녀들에게 하나님의 말씀을 심고 가르치는 것에 대한 막연함과 두려움이 있었지만 이 모든 일에 나 혼자가 아닌 말씀이신 하나님이 동행하시고 선하게 인도해주심을 경험했다. 내가 할 수 있는 일은 모든 것을 그분께 맡겨드리고 신뢰하는 것이다.

너는 마음을 다하여 여호와를 신뢰하고 네 명철을 의지하지 말라 너는

범사에 그를 인정하라 그리하면 네 길을 지도하시리라 잠 3:5,6

너의 행사를 여호와께 맡기라 그리하면 네가 경영하는 것이 이루어지리라 잠 16:3

보혜사 곧 아버지께서 내 이름으로 보내실 성령 그가 너희에게 모든 것을 가르치고 내가 너희에게 말한 모든 것을 생각나게 하리라 요 14:26

나는 아이들을 신앙으로 키운다고 하면서 혹시라도 아이들을 망치고 있는 건 아닌지 고민을 한 적이 있다. 내가 무언가를 하려고 할 때 그것이 실패하지 않을까 하는 두려움이 앞선다. 하지만 아이가 잘못을 했을 때 그에 따른 모든 책임을 아이의 부모가 지듯이, 하늘 아버지께서 자녀를 맡겨주실 때도 주의 교훈과 훈계로 양육해야 하는 부모라는 직분만 안겨주셨을 뿐 모든 책임은 주님이 져주신다는 것을 알아야 한다.

자녀를 내 것이라 생각하고 내 마음대로 하면 그때부터 모든 게 실타래처럼 엉키고 만다. 성경적인 양육으로 주님의 자녀들을 인도만 할 뿐, 모든 것은 주님께 맡겨드리고 신뢰하기만 하면 된다.

때로는 앞이 보이지 않는 길을 걸어가는 것 같아 힘겨워 포기하고 싶을 때도 있었고, 당장 눈앞에 보이는 열매가 없어 낙심할 때도 있었다. 하지만 주님을 신뢰하며 말씀을 붙들 때 주님은 일하시고 그 일을 성취해가셨다. 말씀의 씨앗을 뿌리고 가꾸며 열매 맺게 하는 일이 고되고 어려웠지만 끝까지 포기하지 않고 순종할 때 기쁨으로 열매를 거두며 심령으로부터 영생을 거두는 은혜가 있을 것이다.

자기의 육체를 위하여 심는 자는 육체로부터 썩어질 것을 거두고 성령을 위하여 심는 자는 성령으로부터 영생을 거두리라 우리가 선을 행하되 낙심하지 말지니 포기하지 아니하면 때가 이르매 거두리라 갈 6:8,9

사랑의 폭풍 눈물

하루는 첫째 조이가 태권도장에 간 사이에 둘째 온유가 한참 동안 열심히 뭔가를 만들더니 선물이라며 내게 주었다. 엄마의 예쁜 모습을 그려 넣은 이면지로 포장한 사랑스러운 선물이었다. 나는 아까워서 뜯지도 못하고 책상 위에 잘 올려두었다. 그런데 태권도 수업을 마치고 온 조이가 보더니 "이게 뭐예요?" 하면서 포장을 확 뜯어버렸다.

왠지 좋지 않은 기운이 느껴지는 순간에 찢긴 선물을 본 온유가 울고불고 난리가 났다. 급기야 자기 성질에 못 이겨 형의 등을 때리다가 내게 딱 걸렸다. 단 한 번도 동생에게든 남에게든 손찌검을 해본 적이 없는 조이는 순간 놀랐는지 가만히 서 있기만 했다. 나는 온유를 방으로 데리고 들어갔다. 형을 때린 나쁜 손에 대한 훈계를 하고 안고 기도해준 후 아이를 내보내고 혼자 앉아 기도했다.

"아버지…."

푸념하듯 내뱉었는데 갑자기 감정이 복받치더니 눈물이 하염없이 쏟아졌다. 내 부족하고 모자란 모습들이 영화 필름처럼 지나가며 십자가 은혜의 감격이 물밀듯이 밀려와 혼자 엉엉 울었다. 울음소리에 놀라 달려온 삼 남매는 어리둥절하게 나를 보았다. 그러다 막내 사랑이가 나를 따라 대성통곡을 했다. 그러자 두 형제가 다가와 내 눈물을 닦아주며 어깨를 끌어안고 토닥여주었다. 하지만 그래도 그치지 않는 내 울음에 아이들은 당황해했다. 나는 세 아이를 끌어안고 하염없이 울었다. 감사하고 미안해서….

"엄마는 정말 너희들을 말씀으로 잘 양육하고 싶은데 엄마가 많이 부족해. 너희들을 더 많이 사랑해줘야 하는데 미안하다, 얘들아!"

꾹 참고 있던 두 형제도 덩달아 울음이 터졌다.

"조이에게는 엄마가 참 고맙고 미안해. 그리고 든든해. 늘 동생에게 양보하고 잘 참아주고 형아 노릇을 잘해줘서. 엄마에게 정말 과분한 아들이야. 하나님이 이렇게 귀한 아들을 선물로 주셨는데 엄마가 제대로 못 키우는 것 같아 마음이 아프고 속상하다. 조이야, 미안해. 그리고 엄마가 정말 많이 사랑해."

조이가 울며 말했다.

"엄마, 왜 그러세요? 지금까지 잘 키워주셨잖아요. 우리가 순종을 안 해서 죄송해요. 저도 엄마를 사랑해요."

여덟 살 같지 않은 조이의 대답이 내게 큰 위로가 되었다. 듣고 있던 온유가 이상하다는 듯이 말했다.

"왜 엄마가 우리한테 미안해요?"

그런 온유를 끌어안고 내가 말했다.

"온유야, 그냥 미안하고 사랑해. 엄마는 정말 온유를 많이 사랑하는데 엄마의 진심이 전달되지 않는 것 같아 속상해."

평소 아빠와 엄마, 형한테 순종과 존경을 요구받아왔던 온유가 어느 날 모두 자기만 미워하는 것 같다며 울던 기억이 나서 더 마음이 미어졌다.

"엄마가 온유를 훈계하고 교정하는 건 미워서가 절대 아니야. 하나님이 온유를 엄마에게 맡겨주셨기 때문에 말씀대로 잘 자랄 수 있도록 도와주는 거야. 엄마가 온유를 얼마나 사랑하는데…."

그제야 온유도 마음 놓고 울었다. 그렇게 한참 동안 세 아이를 번갈아 끌어안으며 눈물의 교감을 나누었다.

서로 끌어안고 사랑을 고백하며 수습이 되어갈 무렵 나 못지않게 많이 울었던 사랑이가 휴지로 내 눈물을 꾹꾹 눌러주더니 이내 손등으로 눈가를 닦아주었다. 고사리 같은 그 손길이 얼마나 따스하고 포근한지 아이를 끌어안고 감사하고 행복해서 기쁨의 눈물을 흘렸다. 아이들과 함께 흘린 폭풍 눈물 덕분에 다시금 일어날 수 있는 사랑의 샘물이 내 안에서 솟아나는 기분이었다.

하나님께서 그 순간에 왜 내 마음을 만지셨는지 모르겠지만 세 아이들에게 적절한 사랑의 고백이 필요했던 시점이었던 같다. 모든 것이 합력하여 선을 이루시는 하나님을 찬양하며 이날의 눈물이 헛되지 않도록 내게 주신 귀한 아이들을 더욱 사랑하고 존중하며 결코 마르지 않을 하나님의 사랑을 아이들에게 흘려보내리라 다짐했다. 나는 할 수 없지만 내 안에 계신 그분이 함께하시기에….

이제 인내와 위로의 하나님이 너희로 그리스도 예수를 본받아 서로 뜻이 같게 하여 주사 한마음과 한 입으로 하나님 곧 우리 주 예수 그리스도의 아버지께 영광을 돌리게 하려 하노라 롬 15:5,6

약할 때 강함 되시는 은혜

아이들과 씨름하다 보면 마음뿐 아니라 몸도 견뎌내지 못할 때가 있다. 한번은 심한 감기 몸살을 몇 차례 앓으며 체력이 완전히 바닥이 나서 정말 아무것도 할 수가 없었다. 몸져누워 '내가 하나님께 순종치 않는 부분들이 있는 것인가, 아니면 회개해야 할 일들이 있는 것인가' 하는 온갖 생각을 했다. 그러면서 내린 결론은 내가 죽지 않은 것에 대한 깨달음이었다. '체력이 영력'이라는 말처럼 체력이 받쳐주지 못하니 모든 영적생활과 자녀들의 양육도 엉망이 되었다.

"내가 그리스도와 함께 십자가에 못 박혔나니 그런즉 이제는 내가 사는 것이 아니요 오직 내 안에 그리스도께서 사시는 것이라"라는 갈라디아서 2장 20절 말씀을 암송하며 날마다 고백하면서도 여전히 내 안에는 자아, 내 계획, 내 생각이 앞서 있었다.

내 의지와 힘으로 할 수 있다는 교만과 철저하게 내가 죽고 예수로 살지 못한 내 모습을 보게 하셨다. 하나님께서 내가 아무것도 할 수 없도록 내 모든 힘을 빼시는 과정은 참 힘들고 고단했다. 하지만 그것들을 통해서 내 입술에는 감사가 넘쳤다.

주께서 너희 마음을 인도하여 하나님의 사랑과 그리스도의 인내에 들어가게 하시기를 원하노라 살후 3:5

너는 마음을 다하여 여호와를 신뢰하고 네 명철을 의지하지 말라 너는 범사에 그를 인정하라 그리하면 네 길을 지도하시리라 잠 3:5,6

하나님께서 내게 주신 말씀이었다. 내 모든 힘과 능력의 원천이 주님께 있다는 것에 큰 위로가 되었다. 마음을 다해 여호와를 신뢰하고 범사에 그분을 인정하길 원했다. 실수 없이 내 길을 지도해주시고 삶을 이끌어주시는 신실하신 하나님의 손길이 날마다 우리 가정에 머물고 있음과 약할 때 강함이 되시는 놀라운 그분의 은혜에 깊은 감사를 드렸다.

마음의 가을이 올 때

한여름을 견디고 선선한 바람이 불기 시작하더니 계절은 하나님의 기가 막힌 솜씨로 빛을 발했다. 예전 같으면 아름답게 물든 단풍을 보며 온갖 미사여구와 감탄사를 터뜨렸겠지만 내 마음은 회색빛이었다. 모든 것이 힘겹게만 느껴졌다. 몸도 마음도 지쳤다. 그렇게 하루를 넘기면 어느새 일주일이 지나 있고 또 어느새 한 달이 지나 있었다. 하나님께서는 끊임없이 '네 무거운 짐을 내게 내려놓으라'라는 말씀으로 나를 위로해주셨지만 연약한 나 자신을 보면 한숨만 나왔다.

조이의 그림에 등장하는 나는 항상 웃는 모습이다. '내가 아이에게 무섭고 모진 엄마는 아니구나' 하며 내심 기뻤다. 그러다 하루는 내가 정말 조이에게 그런 모습으로 비춰지고 있는지 궁금해 물었다. 그런데 나는 조이의 대답에 충격을 받았다. 웃는 내 모습은 지금의 모습이 아니라 그렇게 되었으면 하는 바람으로 그렸다는 것이다.

"조이야, 엄마 잘 웃잖아."

"웃긴 하는데 잘은 안 웃어서요. 이렇게 웃으셨으면 해서요."

"그렇구나, 그랬구나, 엄마가⋯."

나는 할 말을 잃었다. 하루 종일 마주하고 있는 엄마의 모습이 마냥 예뻐 보일 수는 없겠지만 조이에게 비춰진 내 모습이 조금은 실망스러웠다. 가끔 내 연약함이 불쑥불쑥 올라와서 아이들을 다 그치고 노엽게 하고 상처 주는 모습을 볼 때마다 생각한다.

'내가 왜 홈스쿨을 시작해서 이러고 있는 걸까? 그냥 다 유치원과 학교에 보내버릴까? 보내고 나면 마음이 더 편하지 않을까? 아이들을 망치고 있는 것은 아닐까?'

혼자서 수만 가지 생각을 하다 보면 몸과 마음이 기진맥진해진다. 누군가 다그치는 것도 아닌데 내가 쳐놓은 올무에 갇혀서 옴짝달싹 못하고 있는 내 모습이 답답하게 느껴진다. 내 마음에 가을이 찾아온 것을 눈치 챈 남편이 잠자리에 누워 넌지시 물었다.

"당신, 요즘 많이 힘들죠?"

그 한마디에 눈물이 주르륵 흘렀다.

"사실… 요즘 내 속이 곪아가고 있어요."

내 말에 남편은 적잖은 충격을 받은 듯했다. 매사에 씩씩하고 긍정적인 모습을 보여 왔던 내가 그런 말을 하니 충격을 받는 게 당연했다.

"내가 많이 도와주지 못하고, 당신을 잘 헤아려주지 못해서 미안해요."

남편의 말에 절대 녹지 않을 것 같던 내 마음이 스르르 녹아내렸다. 사실 남편은 내게 가장 든든한 지원군이다. 집안일을 많이 도와주는 것은 물론이고, 늘 기도와 사랑으로 나를 아껴주는 사람이다. 남편 탓도 아이들 탓도 아닌 연약하고 부족한 내 탓이었다. 하지만 내가 하나님 외에 누구에게 내 상태를 말하고 하소연할 수 있을까. 내 마음을 받아줄 수 있는 유일한 사람이기에 푸념을 할 수 있었고, 남편도 그런 나를 이해해주었다. 가을이 와버린 내 마음에 겨울이 와서 꽁꽁 얼어버리면 어떡하나 염려했는데 남편에게 모든 것을 털어놓고 나니 후련해졌다. 마치 곪고 있는 상처에 약을 바른 것처럼.

모든 지킬 만한 것 중에 더욱 네 마음을 지키라 생명의 근원이 이에서 남이니라 잠 4:23

얼마 후 꿈을 꾸었다. 한 천사가 '내가 다음날이면 천국으로 가야 한다'는 전갈을 전해주었다. 그토록 소망하고 꿈꾸는, 사랑하는 그분이 계시고 아무런 고통과 염려가 없는 천국에 간다는 소식이다. 어쩌면 지금의 지치고 힘든 내 여정에 '할렐루야'를 외치며 뒤도 안돌아보고 달려갈 것 같았는데 소식을 받고 나서 기쁘지 않았다. 오히려 대성통곡을 했다.

'아직 남편과 아이들과 떨어질 준비도 못했는데, 저렇게 어린 아이들을 두고 어떻게 가지? 누가 돌봐준단 말인가? 아이들에게는 뭐라고 이야기해야 하나?'

만감이 교차하면서 그 자리에 무릎을 꿇고 울며 하나님께 매달렸다.

"하나님, 저를 천국으로 불러주신 것은 정말 감사해요. 그런데 지금은 아니에요. 제 아이들은 어떡하고요. 하나님, 저 지금은 못 가요, 안돼요."

그런데 돌아온 대답은 정해진 일이기 때문에 가야만 한다는 것이었다. 남아 있는 시간 동안 무엇을 해야 하나 정신없이 울면서 집 안을 정리하고 음식을 만들고 마지막으로 아이들 한 명 한 명에게 편지를 썼다. 편지에 아이들의 이름을 적으면서 얼마나 울었는지 모른다.

조이야, 생각해 보니 엄마가 조이에게 잘해준 게 없구나. 하지만 엄마는 너를 정말 많이 사랑해. 엄마가 먼저 천국에 가지만 우리는 꼭 다시 만날 거야.

꿈이지만 현실처럼 생생해서 정말 많이 울었다. 그토록 소망하던 천국이었는데 정말 가기가 싫었다. 드디어 시간이 다가왔고, 다시 만날 날을 기대하며 천국행을 기다리는데 내 간절함과 눈물이 하나님의 마음을 움직였는지 나는 그 자리에 남겨졌다.

잠에서 깨서는 모든 게 꿈이라는 것을 알고 얼마나 감사했는지 모른다. 얼마나 흐느끼며 울었던지 깨어서도 마음이 바로 진정되지 않았다. 남편에게 꿈 이야기를 하는 순간에도 가슴이 먹먹해지고 눈물이 핑 돌았다.

주님은 꿈을 통해 지금의 내 삶이 힘들고 지치고 앞이 보이지 않는 험한 항해 가운데에 있지만 천국과 바꿀 수 없을 만큼 소중하고 귀한 시간인 것을 깨닫게 해주셨다. 그리고 소망하는 영원한 그곳을 마다했던 것은 내 사명이 아직 끝나지 않았다는 것을 꿈에서조차 느끼고 있었던 것 같다.

그 사명을 마치는 날, 두 팔 벌려 안아주시고 위로해주시는 품에 온유하고 겸손하신 주님의 멍에를 메고 갈비뼈가 으스러지도록 안기고 싶다. 내 짐은 온전히 주께 맡긴 채….

수고하고 무거운 짐 진 자들아 다 내게로 오라 내가 너희를 쉬게 하리라 나는 마음이 온유하고 겸손하니 나의 멍에를 메고 내게 배우라 그리하면 너희 마음이 쉼을 얻으리니 이는 내 멍에는 쉽고 내 짐은 가벼움이라 하시니라 마 11:28-30

가장 부러운 모습

나는 중학교 1학년 무렵부터 신앙생활을 시작했다. 믿지 않는 부모님의 많은 핍박과 어려움 속에서도 믿음을 지킬 수 있었던 것은 먼저 믿음생활을 시작하셨던 이모님들의 격려가 있었기 때문이다.

"은실아, 넌 너희 집의 전도사야. 네가 잘 믿어서 너희 집안에 복음을 전해야 해."

내가 어렸지만 기회가 있을 때면 꼭 이 말씀을 해주시고 은혜를 나눠주셨던 기억이 난다. 나 역시 하나님께서 우리 집을 구원해주시려고 나를 먼저 믿게 하셨기에 내가 믿음을 잃어버리면 우리 집도 죽는다고 생각했다. 그래서 신앙생활을 하면서 한 번도 교회를 떠나본 일이 없다. 뜨겁든 차갑든 어떠한 모양이라도 주님의 존전에 머물러 있으려 했다. 되돌아 보면 얼마나 감사한 일인지 모르겠다.

그런데 혼자서 씩씩하게 신앙생활을 하다가도 매년 5월이 되면 참 힘들었다. 해마다 열리는 가족찬양대회 때문이었다. 교회에 나오는 가족들이 없는 친구들끼리 주 안에서 한 가족이라며 위로삼아 가족을 만들어 대회에 참가해서 상을 받기도 했지만 아빠, 엄마, 아이들이 함께 손잡고 찬양을 부르는 모습을 보면 나도 모르게 눈시울이 뜨거워져 남몰래 눈물을 훔친 적이 한두 번이 아니었다. 찬양을 잘하고 못하고를 떠나서 한 가족이 주님을 찬양하는 모습이 얼마나 선하고 아름다워 보였는지 모른다. 그때를 생각하면 지금도 가슴 한구석이 시릴 정도로 내게는 부러움을 넘어 참으로 슬픈 기억이다.

하지만 하나님께서 큰 은혜를 주셔서 믿음의 아름다운 가정을 허락해주셨고, 또 조이가 두 살 때 탁아부에서 열린 가족찬양대회에서 찬양을 할 수 있었다. 찬송가 〈예수 사랑하심은〉을 부르면서 얼마나 감격스러운지 눈물을 삼키며 찬양을 했다. 모든 것이 신실하신 하나님의 은혜였다.

그런데 아이를 낳아 키우면서 예배를 드리러 갈 때마다 보이는 부러움에 다시 한숨을 지을 때가 생겼다. 교회 모자실에서는 주로 어린아이들과 엄마들이 예배를 드리는데, 손자가 예뻐서 혹은 손자를 봐 주시느라 함께 예배드리는 할머니들도 오신다. 딸과 친정어머니 혹은 며느리와 시어머니가 믿음의 유업을 아름답게 이어나가며 함께 예배드리는 모습을 보면 참 부러웠다. 아이들을 돌봐주시며 육아의 어려움을 함께 나누는 아름다운 모습을 보면 예전에 가족찬양대회 때 느꼈던 감정이 조금씩 올라오곤 했다.

누구의 도움도 없이 네 아이들을 키우는 나로서는 정말 부러운 모습이었다. 친정은 부산, 시댁은 경기도 이천이라 가까이 계시지도 않을 뿐더러 양가 부모님들이 아직 믿지 않으시기에 함께 예배를 드린다는 건 감히 상상조차 할 수 없는 일이다. 하지만 아이들이 다 자라기 전에 꼭 경험해보고 싶다. 그래서 부러움을 넘어 안타까운 마음에 주님 앞에 나아가 손을 모으게 된다.

믿음의 1대가 겪는 많은 어려움과 아쉬움이 있지만 또 그 너머에 주님의 넘치는 은혜와 축복이 있어 감사하다. 어릴 때 이모님들이 들려주셨던 사명을 떠올리며 마음으로 다시금 다짐한다.

'내가 잘 믿어서 믿음의 명가(名家)를 이루리라. 그래서 축복의 통로, 복음의 통로가 되리라. 때를 얻든지 못 얻든지 복음을 전파하

고 선한 싸움을 싸우고 나의 달려갈 길을 다 마치고 믿음을 지켜 내게 예비해주신 면류관을 받으리라!'

부모님들이 아이들과 함께 예배드릴 그날을 믿음으로 선포하고 기다리며 행복해하는 할머니를 꿈꾼다. 이 이전에 사랑하는 친정 부모님과 시어머님이 구원 열차에 함께 탑승하시길 기도한다. 26년째 이어오는 부모님의 구원을 위한 기도가 이제는 나뿐만 아니라 아이들의 입술에서도 간절한 고백으로 매일 이어오고 있으니 곧 주님께서 만나주시고 그분의 자녀를 삼아주실 줄로 믿는다.

하나님 앞과 살아 있는 자와 죽은 자를 심판하실 그리스도 예수 앞에서 그가 나타나실 것과 그의 나라를 두고 엄히 명하노니 너는 말씀을 전파하라 때를 얻든지 못 얻든지 항상 힘쓰라 범사에 오래 참음과 가르침으로 경책하며 경계하며 권하라 때가 이르리니 사람이 바른 교훈을 받지 아니하며 귀가 가려워서 자기의 사욕을 따를 스승을 많이 두고 또 그 귀를 진리에서 돌이켜 허탄한 이야기를 따르리라 그러나 너는 모든 일에 신중하여 고난을 받으며 전도자의 일을 하며 네 직무를 다하라 전제와 같이 내가 벌써 부어지고 나의 떠날 시각이 가까웠도다 나는 선한 싸움을 싸우고 나의 달려갈 길을 마치고 믿음을 지켰으니 이제 후로는 나를 위하여 의의 면류관이 예비되었으므로 주 곧 의로우신 재판장이 그날에 내게 주실 것이며 내게만 아니라 주의 나타나심을 사모하는 모든 자에게 도니라 딤후 4:1-8

한바탕 울음으로

잠깐 할 일이 있어 컴퓨터 앞에 앉아 있었다. 두 형제가 플라스틱 물통에 물을 가득 담아서 놀고 있는 모습을 보며 대수롭지 않게 생각하고 하던 일을 하고 있었다. 잠시 후 속삭이는 소리가 들렸다.

"온유야, 우리가 빨리 치우면 괜찮아. 얼른 수건을 가지고 와."

반사적으로 벌떡 일어나 나가 보니 물통은 깨진 채 널브러져 있고 부엌 바닥은 흥건했다. 큰소리 대신 한숨을 몰아쉬고는 조용히 경고를 주고는 재빨리 뒷수습을 하고 하던 일을 계속했다. 엄마가 컴퓨터로 일을 하고 있으면 늘 그 주위에서 맴돌며 이런저런 놀이를 하는 아이들이었다. 좀 전에 한 일도 있고 방해가 되기도 해서 나가서 놀라고 일렀는데, 잠깐 사이 내가 디자인 작업을 하는 컴퓨터 키보드와 마우스를 우주선인 양 가지고 놀다가 결국 마우스 코드를 끊어버리고 말았다. 순간 나도 모르게 소리를 쳤다.

"여기서 놀지 말라고 했지! 이걸 망가뜨리면 어떡해!"

나는 훈계봉을 가져오라고 아이들에게 말하고 소파에 앉아서 화를 다스리고 있었다.

'하나님, 이 녀석들을 어찌할까요?'

그때 마침 남편에게 전화가 와서 이야기를 했더니 마음이 조금 가라앉았다. 엄마 말에 순종하지 않은 것과 평소 가지고 놀지 못하게 했던 물건을 만진 것에 대해 훈계를 했다. 그리고 나서 두 아이들을 끌어안고 기도하는데 눈물이 수도꼭지를 틀어놓은 것처럼 줄

줄 쏟아졌다.

'하나님, 오늘은 좀 힘드네요. 모든 게 짐처럼 느껴져요. 그리고 부족한 제 모습에 한계를 느낍니다. 힘들고 속상해요.'

그렇게 한참 눈물을 쏟고 아이들과 같이 다시 기도하려는데 갑자기 마태복음 말씀이 떠올랐다. 눈물을 삼키며 속으로 말씀을 선포하고 그것을 통해 위로해주시고 내 짐을 대신 짊어주시는 주님을 만나게 되었다. 얼마나 위로가 되고 감사한지, 두 형제를 끌어안고 평온한 마음으로 다시 기도를 했다. 그리고 엄마의 혈기로 인해 상처받은 아이들의 마음을 주께서 쓰다듬어 주시길 기도했다.

그렇게 기도하고 두 아이들은 언제 그랬냐는 듯이 둘만의 세상으로 사라져버렸다. 혼자 남은 나는 그 말씀을 몇 번이나 되뇌며 암송했다. 별일 아닌 일로 시작된 한바탕의 눈물바다였지만 속이 후련하고 마음이 평안해졌다. 늘 내 짐을 대신 져주시는 고마우신 하나님, 그리고 온유하고 겸손하신 하나님, 그분이 내 아버지이심에 감사드렸다.

나의 힘이신 여호와여 내가 주를 사랑하나이다 여호와는 나의 반석이시요 나의 요새시요 나를 건지시는 이시요 나의 하나님이시요 내가 그 안에 피할 나의 바위시요 나의 방패시요 나의 구원의 뿔이시요 나의 산성이시로다 내가 찬송 받으실 여호와께 아뢰리니 내 원수들에게서 구원을 얻으리로다 시 18:1-3

모자실에서 누린 은혜

셋째 사랑이를 잉태했을 때의 일이다. 정말 오랜만에 주일예배를 본당에서 드리게 되었다. 아이들 없이 혼자 은혜의 강에 풍덩 빠졌다. 결혼 후 줄곧 남편이 섬겼던 이천의 시골 교회에서 예배를 드리다가 첫째 조이를 낳고 서울에 있는 교회로 옮기고는 처음 있는 일이었다.

둘째 온유가 아직 세 돌이 지나지 않았지만 네 살이라는 이유로 영아부에 가게 되었다. 한번도 엄마랑 떨어져본 적 없는 아이에게는 힘든 일이었다. 그곳에 적응하는 데만 5개월이 걸렸다. 덕분에 5개월 남짓 온유와 함께 영아부에서 예배를 드렸다. 어느덧 온유도 홀로서기를 해야 할 시기가 온 것 같아 과감하게 아이를 선생님께 맡겼다. 그리고 나는 모자실과 영아부를 탈출하여 드디어 본당에서 예배를 드리게 되었다.

물론 새벽예배와 수요예배는 여전히 모자실에서 아이들과 함께 예배를 드렸고, 사랑이를 출산한 다음에는 다시 모자실로 돌아가야 하는 상황이었지만 그때까지 몇 개월 동안 누릴 수 있는 특권이 마냥 행복하고 감사했다. 그동안 구경만 했던 본당은 모자실과 정말 달랐다. 찬양도 말씀도 심지어 광고를 전하는 목소리까지도 새롭고 감격스럽고 온몸에 전율이 느껴질 만큼 황홀했다. 늘 자모실의 TV 모니터를 통해 모든 것들을 접했던 내게는 모든 게 감격 그 자체였다.

신앙생활을 하면서 학생 시절부터 청년 때까지 반주자로 섬겼기에 늘 앞자리에서 예배를 드리는 게 당연했던 나였다. 그런데 결혼 후 한 달 만에 조이를 선물로 받았고, 아이가 태어난 후부터 줄곧 모자실에서 예배를 드렸다. 처음에는 그곳에 갇혀 있다는 생각에 잘 적응하지 못했다. 본당에서 은혜 가운데 예배드리는 남편이 부러운 것을 넘어 얄밉기까지 했다. 모자실이라는 공간에 갇혀버린 내 신앙은 자라지 못하고 그대로 머물러 있는 것 같았다.

　　하지만 모자실 안에도 하나님의 임재와 은혜는 늘 역사하셨고, 내가 그것을 깨달았을 때는 많은 시간이 흐른 뒤였다. 지금은 거의 내 집 안방처럼 편안한 곳이 되어버렸기에 자리잡고 앉은 그 자리가 은혜의 자리요, 기쁨의 자리인 것에 감사하고 있다. 시간이 많이 흘러 아이들과 알콩달콩 모자실에서 예배드렸던 그 시절들이 아련한 추억으로 떠오를 때가 오면 되돌리고 싶어도 그럴 수 없는 그리움으로 남을 것이다.

　　하나님께서 무소부재하신 분이심에 감사하다. 모자실이든 본당이든 내가 가는 곳 어디서든지 역사해주시고 은혜의 빛을 비춰주심으로 함께하시기에 나는 여전히 내가 있는 곳에서 하나님께 예배드린다. 내가 드리는 예배를 기쁘게 받으실 주님을 바라보면서….

목소리를 잃고 얻은 은혜

책을 낸 후 종종 교회에서 강의 요청을 받았다. 주로 어머니 기도회나 출산예비학교에서 성경적 태교에 대해 강의했다. 그런데 이틀에 걸쳐 연달아 강의를 한 후부터 목소리가 이상해지더니 저녁이 되자 더 심해졌다. 급성 후두염이었다. 한번도 경험해 본 적이 없던 터라 당황스러웠다. 다음날의 강의가 걱정되어 기도의 동역자들에게 기도를 부탁했다. 가정예배 시간에도 아이들은 엄마의 목 건강을 위해 집중적으로 기도했고, 특별히 조이가 전심으로 기도를 해주었다.

"엄마의 목소리가 지금은 안 나오더라도 강의 시간에는 꼭 나올 줄 믿습니다!"

항상 나보다 좋은 믿음으로 기도해주는 아들이 있어 행복했다. 빠른 시간 내에 목소리가 회복되기를 간구하고 잠자리에 들었다.

다음 날 새벽예배에 가기 위해 일어났는데 아예 목소리가 나오질 않았다. 강의는커녕 대화조차도 어려웠다. 오후 3시 강의여서 그때까지 회복되길 바라며 따뜻한 물을 계속 마셨다. 시간이 점점 다가올수록 마음의 부담은 커져만 갔다. 태교부터 구별되게 양육할 수 있는 암송태교에 대한 강의인지라 정말 기대하며 준비했다.

'이게 영적전쟁이구나.'

문득 이런 생각이 들었다. 다른 이유들로 강의를 못할 이유가 없지만 목소리는 어떻게 할 수 있는 부분이 아니니 사탄이 정확하게 공격 태세를 갖춘 듯했다. 마지막까지 고민을 하다가 믿음으로 가기로 결정했다. 나오지 않는 목소리를 생각하면 절망이었지만 살아 계신 하나님을 바라보며 소망으로 집을 나섰다. 교회에 도착해서도 목소리는 거의 나오질 않았다. 화장실에 잠시 들렀는데 벽면에 시편 63편 말씀이 보였다.

하나님이여 주는 나의 하나님이시라 내가 간절히 주를 찾되 물이 없어 마르고 황폐한 땅에서 내 영혼이 주를 갈망하며 내 육체가 주를 앙모하나이다 내가 주의 권능과 영광을 보기 위하여 이와 같이 성소에서 주를 바라보았나이다 주의 인자하심이 생명보다 나으므로 내 입술이 주를 찬양할 것이라 이러므로 나의 평생에 주를 송축하며 주의 이름으로 말미암아 나의 손을 들리이다 골수와 기름진 것을 먹음과 같이 나의 영혼이 만족할 것이라 나의 입이 기쁜 입술로 주를 찬송하되 내가 나의 침상에서 주를 기억하며 새벽에 주의 말씀을 작은 소리로 읊조릴 때에 하오리니 주는 나의 도움이 되셨음이라 내가 주의 날개 그늘에서 즐겁게 부르리이다 시 63:1-7

교회로 오는 동안 할 때까지 해보고 안 되면 양해를 구해야겠다고 생각하고 있었다. 하지만 말씀 가운데 은혜를 주시고 새 힘을 주심이 감사했다. 주님을 갈망하며 믿음으로 설 때 주의 권능과 영광을 볼 수 있고 내 입술이 주의 도우심으로 주님을 찬양할 수 있으리라는 확신이 생겼다.

강의를 하러 들어가자 하나님의 상급을 받은 젊은 부부들이 앉아 있었다. 나는 급성 후두염에 걸렸다고 양해를 구하고 강의를 시작했다. 그런데 그렇게 소리를 높이고 질러도 나오지 않았던 목소리가 기적처럼 나오는 게 아닌가!

내가 듣기에도 너무나 거북하고 답답한 목소리였지만 감사하게도 모인 분들이 내 목소리가 기도원에서 막 내려온 부흥사 같아 더 은혜가 된다며 경청해주어 감사할 따름이었다.

나중에 알고 보니 그곳에 참석한 부부 중에 성경암송 교육법이 담긴 내 첫 책《말씀 심는 엄마》를 읽었거나 암송태교를 아는 사람이 없었다. 나는 생각했다.

'아, 이래서 하나님께서 나를 보내셨구나. 만약 이 자리에 서지 못했다면 새 생명을 잉태한 많은 부부들이 암송태교를 모른 채 출산했을 텐데….'

태에서부터 구별되어 살아 계신 하나님의 말씀을 아이들에게 먹이는 것이 얼마나 중요한 것인지를 아는 사탄이 기가 막힌 전략으로 내가 그 자리에 서지 못하게 했던 것 같다. 그러나 이미 승리하신 예수님의 보혈과 그분의 이름으로 승리할 수 있었다. 주님이 주신 사명감 위에 그분의 능력과 은혜가 더해져 그 일을 감당할 수 있었다.

강의가 끝나고 집으로 돌아오는 길에 기도해주신 지인들과 통화를 하는데 놀랍게도 목소리가 다시 나오질 않았다. 이런 목 상태로 어떻게 강의를 했냐며 다들 놀라워 했다.

"기적처럼… 강의 시간에는… 목소리를 열어주셨어요!"

기도해주신 모든 분들은 '할렐루야'를 외치며 응원해주셨다. 참으로 신비로운 은혜를 경험하고 집으로 돌아가는 발걸음이 얼마나 가벼웠는지 모른다.

이 일을 통해 하나님이 함께하시지 않으면 아무것도 할 수 없는 내 연약함에 대해 알게 되었다. 아무리 아름답고 예쁜 목소리를 가졌다고 한들 소리를 낼 수 없으면 아무것도 할 수 없듯이 목소리 회복을 위해 온갖 방법을 취하며 노력을 했지만 결국 나는 아무것도 할 수 없었다. 오직 하나님을 바라보며 믿음 하나만 붙들 수밖에 없는 아주 작은 존재임을 다시 한 번 알게 해주셨다.

그래서 모든 부분에 하나님의 도우심이 있어야 하고 전적인 하나님의 은혜가 없이는 아무것도 할 수 없음을 깨달았다. 그리고 언제까지가 될지는 모르겠지만 하나님께서 세워주시는 곳이라면 기쁨으로 감당하며 영광을 올려드려야겠다고 생각했다. 하고 싶어도 하지 못하는 때가 올 것이고 또 하나님께서 세워주시지 않으면 아무것도 할 수 없기에 세워주시고 사명을 주실 때 은혜롭고 감사하게 받으며 섬겨야 함을 깨닫는 시간이었다.

또한 며칠 동안 목소리를 나오지 않다 보니 아이들에게 아주 온유한 엄마가 되었다. 목소리가 회복될 때까지 아이들에게 소리를 지를 수도, 잔소리를 할 수도 없었다. 그저 몸동작으로 아이들과 꼭 필요한 대화만 하다 보니 집안이 조용해졌다. 우리 집에서 내 목소리가 제일 컸다는 게 증명이 된 셈이다. 그러면서 인내와 절제를 배웠다. 늘 아이들에게 사랑의 언어보다는 먼저 내뱉고 후회하는 말들이 많았는데 목소리가 안 나오다 보니 자연스럽게 말을 아끼게 되고 기다려주는 법을 배우게 되었다. 그리고 남들과의 대화에서도 말하는 것보다 주로 들어주는 상황이 되다 보니 배우는 게 더 많았다.

누가 엄마이고 누가 아들인지

넷째를 잉태했던 그해, 대부분의 사역을 남편의 도움 없이 해내야 했다. 남편이 도와줄 수 없는 상황이어서 혼자 운전하여 세 아이를 데리고 다녔다. 그래도 감사한 것은 모든 일정들을 안전하게 마칠 수 있었다는 것이다. 한번은 일산에서 열린 암송학교에서 강의를 끝내고 돌아오는 길이었다. 그런데 조이가 뜬금없는 질문을 했다.

"엄마는 우리 때문에 힘드신 적 있으세요?"

"그럼, 당연히 있지."

"언제가 제일 힘드신데요?"

"너희들이 엄마 말에 순종하지 않고 다툴 때이지. 그런데, 왜?"

"아, 그런데요. 우리는 엄마 때문에 힘든 게 하나도 없어요."

이 대답에 웃음이 터졌다. 아이의 질문에 나는 한 치의 망설임도 없이 대답했는데 정작 아이는 그런 적이 없다고 의젓하게 대답하니 우리가 나눈 대화의 주체가 바뀐 것 같았다.

모든 상황을 품어주지 못하고 어린아이처럼 힘들다고 이야기하는 철없는 엄마가 바로 내 모습이었다. 얼굴이 후끈 달아올라 웃으며 말했다.

"얘들아, 엄마가 너무 부끄럽네."

"왜요?"

"너희들이랑 엄마랑 말하는 게 바뀐 것 같아서…."

"조이야, 엄마는 너희 때문에 힘든 거 없어. 항상 감사해."

이미 엎질러진 물이지만 급하게라도 수습을 해야 할 것 같아서 쑥스러운 듯 이야기했더니 온유가 한마디를 거들었다.

"엄마, 부끄러워하지 마세요. 가족끼리는 부끄러워 하는 게 아니에요."

누가 엄마이고 누가 아들인지 '주여' 하는 탄식이 절로 나왔다. 그리고 내 마음에 그분의 음성이 들려오는 듯했다.

'은실아, 네가 힘든 거 생각하며 푸념하고 불평했었지. 이런 아들들을 둔 걸 늘 감사하며 행복한 줄 알렴. 너처럼 부족한 엄마에게 넘치는 축복이다. 알겠니?'

'네, 주님! 그렇고 말고요. 저같이 부족하고 모자란 엄마에게 넘치도록 부어주시는 축복인 걸요. 가끔 그 축복과 은혜에 감사하지

못하고 혈기와 푸념으로 불평했던 것을 회개합니다. 감사합니다, 아버지!'

부족하고 모자란 엄마는 또 아이들을 통해 하나씩 배워간다.

주님이 함께하시는 엄마

올림픽에 나오는 수많은 영웅들은 금메달을 목에 걸기까지 피나는 노력과 수많은 훈련을 한다. 그러나 그들의 뒤에는 숨어 있는 또 다른 영웅이 있다. 바로 눈물과 수고와 헌신으로 그들을 키워낸 어머니이다. 올림픽의 영웅을 키워낸 어머니들에 관한 영상을 본 적이 있다. 그것을 보면서 많은 것을 느꼈다. 선수가 하나하나 기술을 연마하고 노력하며 최고가 되기 위해 한 발자국씩 내딛는 옆에서 묵묵히 눈물로 헌신하는 영웅의 어머니. 물론 똑같이 노력해도 실패한 사람들도 있다. 영웅이 되지 못한 사람들도 많다. 주목을 받기는커녕 올림픽에 출전조차 못한 사람들은 또 한 번의 도약을 꿈꾸고 있을지도 모르겠다.

하지만 나는 다르다. 실패할 가능성도, 패배자로 불리며 좌절할 가능성도 없다. '엄마'라는 이름보다 더 큰 사랑과 헌신을 보여주신 주님이 함께하시기 때문이다. 어떤 부모가 자식을 대신해 십자가에 못 박히겠으며 자식의 죄를 대신 질 수 있을까. 그 누구도 하지 못할 것이다. 오직 주님만이 하셨다. 우리를 정말 사랑하시는 하나님이시기에 가능한 일이다.

하나님은 우리와 함께하신다. 자신의 자식을 내어주시기까지 함께하시고 엄마라는 사명으로 우리를 불러주셨다. 그래서 할 수 있고, 해야만 한다. 우리에게 맡겨주신 귀한 자녀들에게 살아 계신 하나님의 말씀을 심고 성경을 먹이며 성경으로 키우는 일이야말로 세상에서 가장 값진 일이며 세상이 감당 못할 영웅으로 만들어내는 일이다.

감히 말할 수 있는 것은 '주님이 함께하시는 엄마'이기 때문에 할 수 있다. 진정으로 엄마의 사명을 감당할 때 우리의 귀한 자녀들이 세상이 감당 못할 믿음의 거장으로, 하나님의 뜻대로 세상을 바꾸어갈 시대적 사명자로, 예수님의 참 제자로 세워질 줄 믿으며 나는 기도한다.

하나님께서 내게 맡겨주신 꽃보다 아름다운 귀한 아이들,
내 욕심을 위해 함부로 꺾지 않겠습니다.
내 만족을 위해 가지려고 하지 않겠습니다.

시들지 않게 날마다 기도의 물을 주겠습니다.
병들지 않도록 날마다 말씀의 약을 심겠습니다.
아름답게 자라도록 날마다 예배의 자리에 함께하겠습니다.
그리스도의 향기가 되어 주의 영광을 위해

활짝 피어나도록 가꾸며 사랑하겠습니다.

내 것이 아닌 오직 여호와의 기업임을 날마다 상기시켜주셔서

청지기의 사명과 충성으로 감당케 하시고

주의 나라가 임하는 그날까지

주의 영광을 보는 하늘 정원이 되게 하소서.

chapter 3

말씀 심는 아빠

말씀 먹는 아빠가 되다

내게 허락하신 최고의 선물은 당연히 남편이다. 결혼 초부터 휴대폰에 남편을 '내 멋진 서방님'으로 저장했다. 아이들과 나를 위해 항상 노력하며 아낌없는 사랑을 베푸는 그의 모습을 볼 때마다 귀한 사람을 내게 선물로 주신 하나님께 감사한다. 부족하고 모자란 나를 항상 따스함으로 보듬어주고, 기도와 예배의 자리에서 늘 본이 되어 나를 이끌어주고, 든든한 동역자가 되어 무조건 나를 지지해주고 응원해주는 고마운 사람이다.

또한 일일이 내 영적 상태를 함께 점검해주며 성경적인 지혜를 더해주고, 은혜와 감동이 역사할 때는 아낌없이 같이 울어주고, 나보다 나를 더 사랑해주는 사 남매의 아빠이자 내 남편이다.

남편은 오래전부터 암송을 본격적으로 해야겠다는 부담을 안고 있었다고 한다. 청년 시절부터 해왔던 터라 상당한 구절의 말씀을 암송하고 있다. 남편이 의외로 많은 구절을 암송하고 있어 나도 깜짝 놀랐다. 그래서 그동안의 내공으로 아이들에게 암송학교 1,2단계 말씀을 잘 지도해주었다. 그런데 3단계부터는 아이들에게 밀리기 시작했다. 그때부터 조금씩 부담이 되었던 것 같다.

셋째 출산을 앞두고 아이들의 암송을 지속할 수 있는 방법을 생각하다가 이 기회에 남편이 해주면 좋겠다는 생각을 하게 됐다. 그래서 집에서 가까운 교회에서 진행되고 있는 303비전 암송학교 유니게 과정을 남편에게 조심스럽게 권했다.

하지만 남편은 엄마들만 가득한 그곳에 가겠다고 선뜻 결정을 하지 못하는 눈치였다. 얼마 동안 기도로 준비하더니 담대하게 등록했다. 아이들을 지도해야 한다는 부담도 있었지만 그보다 말씀 암송 지속과 체질화로 말씀의 능력의 삶을 살고자 하는 간절한 열망이 남편의 마음을 움직인 것 같다.

그렇게 남편이 '말씀 먹는 아빠'가 된 다음날, 나는 사랑이를 출산했고, 산후 조리를 하는 동안 조이와 온유의 암송을 남편이 맡아 지도해주었다. '말씀 먹는 아빠'에서 '말씀 심는 아빠'로 등극한 것이다. 그 일을 계기로 암송의 은혜와 매력에 푹 빠진 남편은 틈만 나면 암송책을 끼고 살며 말씀의 은혜를 누리고 있다.

나중에 고백한 거지만 남편이 내게 가장 고마웠던 것이 한 번도 자신에게 암송하라고 다그치지 않는 거였다고 한다. 만약 자신에게 그렇게 했다면 오히려 하기 어려웠을 거라고 고백하며 내가 묵묵히 기다려준 것이 고맙다고 했다.

예전에도 303비전을 품은 우리 가정이었지만 말씀과의 사랑에 푹 빠진 남편으로 인해 더욱더 303비전에 매진하며 전진하게 되었다. 우리 가정을 한마음과 한뜻으로 묶어주신 하나님의 은혜에 감사드리며 말씀 심는 엄마와 말씀 심는 아빠로서 말씀의 능력에 사로잡힌 가정이 되길 꿈꾸며 소망한다.

말씀 심는 엄마 vs 말씀 심는 아빠

열심히 말씀을 암송하기 시작한 남편과 내가 마치 이솝우화에 나오는 토끼와 거북이 같다는 생각이 들었다. 토끼는 나, 거북이는 남편이다. 나름대로 말씀 600절 암송을 유지하고 있는 것으로 약간의 자부심과 그 속에 감춰진 교만함으로 안주하던 내게 남편과의 경주가 시작된 것이다. 남편은 암송학교 3단계를 수료하고 나서 성실함으로 암송을 지속했다.

매일 한두 절씩 새로운 말씀을 새기고 틈날 때마다 암송책을 들고 다니며 말씀을 먹었다. 손때가 묻어 해진 남편의 암송책이 그 노력을 증명한다. 꾸준하고 성실하게 말씀을 먹고 있는 남편이 안주

하며 단잠에 빠져 있는 백은실 토끼를 화들짝 깨웠다. 토끼와 거북이의 이야기에서 느리지만 꾸준히 노력하는 거북이가 결국은 승리를 이끌어낸다는 교훈은 303비전인 '말씀암송의 체질화, 지속화'와 일맥상통하는 것 같다.

"이와 같이 나중 된 자로서 먼저 되고 먼저 된 자로서 나중 되리라"(마 20:16). 이 말씀이 가슴에 콕콕 박혔다. 선한 경쟁자가 생기니 '이러다 내가 추월당하지는 않을까' 하며 긴장하는 마음도 들었지만 토끼와 거북이 이야기의 결말처럼 거북이 남편이 먼저 결승점을 들어왔으면 좋겠다는 마음이 더 컸다. 우리 집의 영적 제사장인 남편이 세워져야 하는 것이 당연하고, 말씀으로 충만한 그를 통해 우리 가정에 임하실 주님의 은혜가 기대되기 때문이다.

말씀이 있어 기쁘고, 말씀이 있어 행복한 가정, 말씀으로 부자 되게 하신 주님께 감사와 찬양과 영광을 올려드린다. 더욱더 우리 가정이 말씀과 기도와 믿음의 반석 위에 굳건하게 서 가기를 원하며 새로운 도약을 꿈꿔본다. 오직 주님! 오직 말씀!

말씀 먹는 아빠의 일기

남편이 암송학교를 다니면서 썼던 암송일기를 소개하려고 한다. 남편은 '말씀 먹는 아빠'에서 '말씀 심는 아빠'가 되면서 진솔하고 아름다운 사건들을 만날 수 있었고, 살아 계신 하나님의 은혜와 사랑을 누리게 되었다. 나 역시 남편의 일기를 통해 깨닫고 알게 된 여러 가지 은혜가 있어 큰 위로와 도전이 되었다. 하나님께서 세워주신 우리 가정의 제사장인 남편을 통해 새롭게 써 가신 역사의 한 자락도 놓치지 않고 함께 공유할 수 있어 감사하다.

🍃 뱀같이 지혜롭고 비둘기같이 순결하라

마태복음 10장 16절에 주님은 말씀하신다. "내가 너희를 보냄이 양을 이리 가운데로 보냄과 같도다 그러므로 너희는 뱀같이 지혜롭고 비둘기같이 순결하라." 예수님의 양육 방법은 '보내는 것'이다. 제자들을 보낼 때 안전한 곳으로 보내지 않으셨다. 양을 이리 가운데로 보냄과 같다고 하신 것은 얼핏 제자들의 목숨을 포기한다는 것 같지만 사실 그것은 그들을 더 강하게 그분의 제자로 세우시기 위함이었다. 예수님은 제자들을 지키시기 위해 방법을 가르쳐주셨다. 뱀같이 지혜롭고 비둘기같이 순결하라고 하신 것이다.

지혜와 순결함만 있으면 제자들은 살 수 있다. 양이 이리를 이길 수 있는 방법은 이리보다 더 큰 이빨과 날카로운 발톱을 가져야 하는 게 아니다. 단지 지혜와 순결만 있으면 된다. 그럼 그것은 어디에서 오는가? 바로 하나님으로부터 오는 것이다.

우리가 순결할 수 있는가? 이미 죄로 물들어 있는 인간으로서는 순결할 수 없다. 우리가 지혜로울 수 있는가? 우리의 지혜 또한 하나님께서 주시지 않으면 얻을 수 없다. 우리의 자녀들도 언젠가는 세상으로 보내질 것을 안다. 빠르면 유치원 아니 젖도 떼지 않은 아이들을 세상으로 보내는 경우를 흔히 본다. 그것은 수영도 할 줄 모르는 어린 아기를 태평양 한가운데에 빠뜨리는 것과 같은 영적 무지함이다.

또 부모들은 세상의 지식과 물질이 세상을 이길 수 있는 방법이라고 착각한다. 그러나 그것은 양을 토실토실 찌워 우리 밖으로 내보내는 것으로 이리의 얼굴에 미소를 가져다주는 행위에 지나지 않는다.

인간의 방법으로 세상을 이길 수 있는 힘은 날카로운 발톱과 큰 이빨에 있지만, 하나님의 방법은 지혜와 순결에 있다. 그것은 하나님의 말씀으로 얻어지는 것이다. 하나님은 자녀들이 세상으로 나가길 원하신다. 그들은 세상에서 그냥 싸움을 하는 게 아니라 '영적 이리'를 대적해야 한다.

그래서 아이들이 하나님으로부터 오는 지혜와 하나님께서 주시는 순결함을 갖게 하기 위해 말씀을 심어야 하는 것이다. 그게 바로 하나님의 방법이다. 그러나 하나님과 상관없는 방법으로 싸우려는 부모들이 너무 많다. 뿐만 아니라 그 방법을 자랑하고 고급 정보인 양 서로 나눈다. 안타까운 마음이 든다. 우리는 자녀들이 세상을 등지고 살게 하기 위해 말씀을 심는 것이 아니다. 세상을 이길 수 있는 가장 탁월한 방법이 말씀이기에 '말씀암송'과 '암송가정 예배'로 자녀들을 양육하는 것이다. 이것만이 세상을 이길 수 있는 유일한 길이다.

아내의 생일

사랑하는 아내의 생일이었다. 아내가 산후 몸조리 중이라 근사한 곳에서 음식을 먹지는 못했지만 아이들과 함께 생일케이크로 축하했다. 나와 세 아이들은 축하 노래도 했다. 그러고 나서 조이가 수줍게 엄마에게 편지 한 장을 내밀었다. 편지를 보던 아내는 울음을 터트렸다.

'엄마, 생신 추카해요. 그리고 사랑해요. 엄마, 내가 선물 사주단고 해는대 서물을 안사조서요. 미안해요. 조이가.'

한글 맞춤법은 다 틀렸지만 엄마를 감동시키기에 충분했다. 오전 내내 엄마 생일 선물을 사야 한다고 말했는데, 제과점에 들러 케이크만 사고 선물 사는 것을 잊어버렸던 것이다. 미안한 마음에 조이는 축하 편지에 죄송하다는 글을 적어놨을 뿐인데 아내는 큰 감동을 받았다. 느닷없이 눈물을 뚝뚝 흘리는 엄마에게 조이가 물었다.

"엄마, 감동이 돼서 우는 거예요?"

나도 덩달아 눈물을 훔쳤다. 아내가 말했다.

"응, 조이가 엄마에게는 최고의 선물이야."

그러면서 아이를 꼭 안아주었다.

'이것이 하나님이 이루신 가정의 행복이구나!'

나는 하나님께 감사드렸다. 어렸을 때부터 어려운 가정에서 행복이라는 것을 모르고 살아온 나같이 부족한 사람에게 이런 하나님의 은혜가 주어진 것에 감사를 드린다.

내가 받는 훈련

주일예배를 마치고 아내가 몸조리를 하고 있는 부천의 형님 댁으로 아이들을 데리고 갔다. 아내가 교회를 나오지 못하고 있던 터라 조이와 온유를 각각 영아부예배와 유아부예배와 영어예배까지 데려다주는 일을 몇 주 동안 해야 했다.

첫 번째 주는 다행히 조이만 드리는 영어예배에 온유도 합류할 수 있어 별 탈 없이 나도 성가대 직분을 감당할 수 있었다. 그렇게 모든 예배를 마치고 아이들과 부천으로 향하던 중에 갑자기 온유가 울기 시작했다. 차를 갓길에 세우고 왜 우는지 물어봐도 대답을 하지 않고 계속 울었다. 소변이 마려운가 싶어 뉘어주려고 했지만 그것도 아니었다. 갓길에 차를 잠시 대는 것도 위험한 데다 계속 울어대는 온유를 달랠 길이 없어 나도 모르게 언성이 높아졌다.

그리고 나니 기분이 좋지 않았다. 잠시 후 온유의 울음이 잦아들어 다시 달렸다. 그런데 또 얼마 못가 다시 까닭 없이 온유가 울기 시작했다. 결국 아이의 허벅지를 두 대 때려주었다. 달리는 차 안에서 다른 방법으로는 아이를 저지할 수 없다는 판단에서였다. 결국 온유는 울음을 멈추었다. 하지만 내 마음은 만신창이가 되었다.

그때 고린도전서 13장 말씀에 "사랑은 오래 참고"라는 말씀이 마음에 떠오르면서 아이를 윽박질렀던 게 미안하고 하나님의 말씀 앞에서 내 모습이 부끄러웠다.

아이에게 될 수 있으면 말씀으로 훈계해야 함에도 불구하고 순간 당황할 때면 훈련이 안 된 부모의 모습이 불쑥불쑥 튀어나오는 것을 볼 때 '아직도 멀었구나' 하는 생각이 든다. 그러나 한편으로는 암송한 말씀을 통해 나 자신을 조명할 수 있는 게 정말 감사했다. 자녀가 변하기 전에 내가 먼저 말씀 앞에서 낮아지고 배우고 적용되어져야 함을 또 다시 느끼게 되는 순간이었다.

🍃 열린 예배

아이들에게 보여주는 것으로도 많은 학습이 이루어지는 것 같다. 아침 8시가 되면 변함없이 들려오는 알람 소리는 '예배합니다. 찬양합니다. 주님만 날 다스리소서'이다. 아내는 예배 시간 알람으로 아주 적절한 음악을 설정해놓았다. 아이들을 불러 모아 함께 303비전 꿈나무송을 부르고 로마서 12장 1-15절까지 함께 암송하고 있었다. 그때 조이가 갑자기 이렇게 말했다.

"오늘은 내가 말씀을 전할게요."

"그래? 그러렴."

우리 부부는 수락했다. 조이는 노란 플라스틱 의자를 강대상으로 삼고 색연필을 마이크 삼아 목사님처럼 말씀을 전했다. 처음에는 시편 23편을 영어로 함께하자고 하더니 다함께 암송하고나자 말씀을 나누기 시작했다.

조이는 아브라함과 가인과 아벨의 이야기를 들려주었다. 어떤 교훈도 적용도 없는 설교였지만 줄줄이 꿰는 성경 내용에 은혜로운 시간이었다. 이어 온유의 인도 속에 〈내 평생 사는 동안〉을 함께 찬양했다. 마지막으로 목사님의 흉내를 내며 조이가 축도를 했다. 형이 축도를 하자 온유가 갑자기 일어나서는 내 머리에 손은 얹었다. 안수 기도하는 것처럼 나를 축복하는 것 같았다. 이렇게 기분 좋게 조이의 축도와 온유의 찬양으로 은혜로운 예배를 마쳤다. 평소와 다른 가정예배였지만 또 다른 은혜가 있는 시간이었다.

아이들의 입에서 선포되는 하나님의 말씀 앞에서는 아빠와 엄마일지라도 머리를 숙이고 겸손해져야 한다는 생각이 든다. 우리 가정의 영적 질서는 말씀을 품고 있는 사람을 통해 세워질 것임을 믿는다. 오늘은 조이와 온유가 영적인 어른이 되어 우리에게 말씀을 전해주었다. 이 아이들이 항상 말씀으로, 하나님께서 세워주시는 권위 아래에 머물기를 간절히 바란다. 나도 아빠로서 하나님의 말씀을 더 많이 마음에 새기기 위해 노력을 더 해야겠다.

조이의 섬김

어느 날 저녁, 조이는 갑자기 동생의 발을 씻겨주겠다고 했다.

"온유야, 이리와. 형아가 발 씻겨줄게."

그 이유가 궁금해서 조이에게 물었다.

"조이야, 왜 온유의 발을 닦아주려고 하니?"

"온유 발에 크레파스가 많이 묻어 있어서요."

조이는 대야에 물을 받아 온유의 발을 비누로 깨끗이 닦아주었다. 발뿐만 아니라 손까지 닦아주고 세수도 해줬는지 온유의 앞머리가 흥건히 젖어 있었다.

조이가 온유에게 발을 씻겨준 것이 처음 있는 일은 아니다. 하지만 옆에서 보고 있는 내게는 형이 동생의 발을 씻겨주는 것이 의미 있게 느껴졌다. 예수님께서 제자들의 발을 씻기시며 하신 말씀이 생각났다.

"내가 주와 또는 선생이 되어 너희 발을 씻었으니 너희도 서로 발을 씻어주는 것이 옳으니라 내가 너희에게 행한 것같이 너희도 행하게 하려 하여 본을 보였노라"(요 13:14,15).

조이가 예수님께서 하신 행동을 그대로 하고 있는 모습에 잔잔한 감동이 밀려왔다. 암송예배를 마친 후 온유와 장난감을 가지고 놀고 있는 조이를 불러 요한복음 13장을 펴서 읽어주었다.

"조이야, 성경에 예수님이 뭐하고 계시지?"

"제자들의 발을 씻겨주고 계세요."

"아까 조이가 온유의 발을 씻겨준 거랑 똑같지?"

"네."

"조이야, 예수님도 겸손하게 본을 보이시기 위해 제자들의 발을 씻겨주셨어. 그래서 조이가 온유의 발을 씻겨준 건 예수님 닮은 행동을 한 거야. 참 잘했어."

조이는 장난감에 마음을 빼앗겨서 내 말에 큰 반응은 없었다. 하지만 조이가 예수님처럼 어떠한 위치에 있어도 더 낮아져 많은 사람들을 섬기는 주님을 닮은 인생이 될거라고 믿는다.

'하나님, 오늘 조이가 씻겨준 온유의 발이 이후에 조이에게 더 많은 섬김의 시작이 되게 해주소서. 예수님의 이름으로 기도합니다. 아멘.'

지명하여 불러주신 은혜

아내가 사랑이를 출산하고 첫 구역예배를 우리 집에서 드리기로 했다. 아침부터 열심히 청소하고 구석구석 정리하느라 분주했다. 진공청소기로 청소하던 아내는 청소기가 힘이 없다고 말했다. 그래서 나는 청소기 속의 먼지를 털어내기 위해 필터를 꺼냈다. 필터 안을 가득 메운 쓰레기와 먼지를 비닐봉지에 담고 버리려는 순간 눈에 띄는 물건이 있었다. 아내가 조이와 온유에게 만들어주던 노아의 방주 맨 앞쪽을 장식하는 작은 부품이었다.

버리면 안 될 것 같아 먼지가 가득한 봉투 안에 손을 넣어 먼지틈을 비집고 그걸 꺼냈다. 순간 '이것이 지명하여 부르는 것이구나' 하는 생각이 들었다. 죄악 속에 묻혀 있던, 그래서 버려져 영원한 형벌 속으로 들어가야만 했던 나를 구별하여 지명해주셔서 그 피 묻은 손으로 죄악들을 비집고 집어 올려주신 주님. 바로 그분께서 구속해주심을 깨닫게 되었다. 일상생활 가운데에 함께하셔서 작은 것조차도 하나님의 섭리가 묻어나지 않는 것이 없음을 알게 된 하루였다. 매순간 삶과 말씀 속에서 하나님을 배우고 그분의 마음을 알길 소망한다.

야곱아 너를 창조하신 여호와께서 지금 말씀하시느니라 이스라엘아 너를 지으신 이가 말씀하시느니라 너는 두려워하지 말라 내가 너를 구속하였고 내가 너를 지명하여 불렀나니 너는 내 것이라 사 43:1

이 말씀은 우리가 암송예배를 드릴 때마다 각자의 이름을 넣어 첫 번째로 암송하는 구절이다. 이 말씀이 유난히 더 깊이 마음에 와 닿았다.

온유의 찬양 소리

저녁에 아이들이 봤던 책들이 거실의 이곳저곳에 흩어져 있어 일어나자마자 바라본 거실의 모습은 그다지 상쾌하지만은 않았다. 밤마다 많은 책을 꺼내보는 조이와 온유에게 자기 물건은 자기가 정리하는 교육을 시키고는 있지만 아직도 갈 길이 멀었다.

그래도 매일 아침마다 해야 할 일을 해야겠기에 책을 비집고 앉아 있는 조이에게 말씀묵상을 하라고 했다. 주로 난 주방 쪽에 있는데 거실 베란다 쪽에서 나지막한 노랫소리가 들렸다. 소파에 앉아 말씀을 묵상하는 조이 앞에서 어리고 여린 목소리로 온유가 찬양을 하고 있었다.

> 내 평생 사는 동안 주 찬양하리 여호와 하나님 내 주를 찬양하리
> 주님을 묵상함이 즐겁도다 내 영혼 주 안에서 참 기쁘리
> 내 영혼아 주님을 송축하라 내 영혼아 주님을 찬양하라
> 내 영혼아 주님을 송축하라 내 영혼아 주님을 찬양하라

인생의 쓴맛 단맛을 다 겪은 믿음의 선배들의 입에서 부를 법한 찬양이지만 세 살짜리 아이의 조그마한 입술에서 나오는 찬양이 더 깊이가 있게 다가왔다. 어수선했던 마음은 온데간데없고 평안한 마음으로 아이의 찬양을 감상하며 하루를 여는 행복한 시간이었다.

온유가 이 찬양을 입술에 달고 다닌 것은 이유가 있었다. 교회에서 예배 때마다 항상 부르는 찬양이기도 했지만, 한 달 전에 우리 가족이 저녁예배 특송을 준비하며 하루가 멀다 하고 아이들과 함께 불렀던 찬양이었다. 그래서인지 온유는 누가 시키지 않아도 혼자 있을 때나 함께 예배드릴 때 이 찬양을 자주 불렀다. 그렇게 항상 부르는 찬송이 오늘따라 더 깊은 감동이 되었다.

'아, 이것이 믿음의 가정에서 얻게 되는 자녀를 통해 허락하신 하나님께서 주신 행복이구나!'

정말 감사했다. 사랑하는 온유가 작은 입술로 고백한 것처럼 아이의 평생 동안, 하나님나라에 갈 때까지, 이 땅에서 예수님을 맞이할 때까지 상황을 초월해서 그 입술로 여호와 하나님을 찬양하며 주님을 묵상하며 하나님을 즐거워하길 기도한다.

내가 평생토록 여호와께 노래하며 내가 살아 있는 동안 내 하나님을 찬양하리로다 나의 기도를 기쁘게 여기시기를 바라나니 나는 여호와로 말미암아 즐거워하리로다 죄인들을 땅에서 소멸하시며 악인들을 다시 있지 못하게 하시리로다 내 영혼아 여호와를 송축하라 할렐루야

시 104:33-35

🍃 손을 얹은즉 나으리라

주일예배를 마치고 집에 가고 있는데 조이가 갑자기 친할머니가 보고 싶다고 했다. 주일 저녁이 더 바빴지만 조이의 성화에 못 이겨 이천으로 향했다. 사랑이가 태어나기 전에는 매주 한 번씩은 어머니를 뵈러 갔었지만 사랑이가 태어나면서 2~3주에 한 번꼴로 내려갔다. 그래서인지 할머니가 많이 보고 싶었던 것 같다.

고속도로를 한 시간 남짓 달려 어머니 댁에 갔다. 어머니는 아이들을 보는 순간 "어떻게 왔냐" 하시면서 함박웃음이 떠나질 않으셨다. 얼마나 좋으시면 사랑이를 안고 싶으셔서 아내가 모유 수유가 끝나길 옆에서 내내 지켜보시다가 낚아채듯 안으시곤 하셨다. 그런 어머니를 보면 자주 내려오지 않을 수 없다.

아이들과 저녁 식사를 한 후 조이는 암송을 하고 온유와 함께 TV를 보고 있었다. 잠시 후 어머니 친구 분이 놀러오셨다. 그런데 얼마 전에 뵀을 때보다 얼굴이 더 야위고 많이 힘든 모습이셨다. 급체를 해서 며칠 동안 식사를 못하시고 지금까지 몸이 안 좋다고 하셨다. 정말 많이 편찮아 보이셨다.

우리 부부는 아픈 사람이 있으면 조이와 온유에게 가서 기도해드리라고 한다. 마침 어머니 친구 분 앞에 있던 온유에게 말했다.

"온유야, 할머니가 많이 아프시대. 네가 기도해드리면 분명히 나으실 거야."

약간 쑥스러운 듯 멈칫거리며 할머니 앞으로 가더니 몸에 손을 얹고 기도하기 시작했다.

"하나님, 감사합니다. 할머니께서 배가 아파요. 치료해주세요. 모든 악한 것들은 예수님의 이름으로 떠나갈 지어다! 예수님의 이름으로 기도드렸습니다. 아멘."

기도를 마친 후 어머니 친구 분의 반응이 놀라웠다. 정말 괜찮아지는 것 같다는 것이다. 그 이야기를 들으신 우리 어머니는 믿기지 않는 듯 말씀하셨다.

"애가 기도했다고 괜찮아?"

못 믿으시겠다는 듯 한마디를 던지셨는데 친구 분께서 강하게 말씀하셨다.

"진짜야, 속이 좋아지는 것 같아."

"온유야, 할머니 보고 예수님을 믿으시라고 해."

친구 분께서 온유의 기도로 하나님께서 역사하시는 것을 믿는다는 의미로 "지금은 교회에 나가지 않지만 나도 교인이야"라고 말씀해주셨다.

아이의 기도에 응답하시는 하나님, '믿는 자들이 손을 얹은즉 나으리라' 하신 하나님의 말씀의 능력이 어린 온유를 통해 실현되는 것을 눈으로 확인할 수 있었다(막 16:17,18).

믿음 없는 어른들의 방대한 양의 기도보다 믿음으로 드리는 어린 아이의 짧은 기도를 하나님께서 기쁘게 받으시는 것을 깨닫게 되었다. 온유를 하나님의 역사의 통로로 삼아주신 하나님께 감사드렸다. 하나님의 대사로 온유의 삶이 상한 영혼들을 치유하고 감싸주는 믿음을 하나님께 보여드리는 삶이 되길 간절히 소망한다.

🖋 아이를 통해 배우다

수요예배를 드리고 아이들이 잘 시간이 훌쩍 넘은 시간에 집으로 돌아왔다. 부랴부랴 아이들의 이를 닦이고 얼굴을 씻기고 잘 준비를 끝냈다. 아이들에게 잠자리를 마련해주고 난 잠깐 컴퓨터가 있는 방으로 와 있는데 조이가 무언가 내게 보여주고 싶어 방으로 들어왔다. 나는 순간 조이가 말하려는 것을 막고 얼른 가서 자라고 으름장을 놓았다. 조이는 뒤를 돌아 자기 방으로 가더니 이불을 덮고 엎드렸다.

'아차, 내가 실수했구나.'

아이 방으로 얼른 달려가 조이를 안고 정중하게 사과했다.

"조이야, 미안해. 아빠가 네 말을 들어보지도 않고 다그친 거 정말 미안해. 네 말을 경청해야 하는데 그렇게 못해서 정말 미안해. 아빠도 완벽하지 않아서 실수할 때가 있어. 하나님처럼 완벽해야 실수하지 않는데 아빠는 연약한 사람이라서 실수할 수 있다는 걸 네가 알아줬으면 좋겠어."

그렇게 변명 아닌 변명과 사과를 했다. 눈시울이 빨개져 있던 조이는 내 사과에 웃는 얼굴로 바뀌었다. 조이는 온유가 추수감사절에 교회에서 한복을 입고 선생님들과 함께 찍은 사진을 보여주고 싶었던 거였다. 동생이 예쁘게 잘 나왔다는 것을 말해주려고 했던 거였다. 거실로 나와 조이를 꼭 끌어안아주며 말했다.

"조이야, 아빠를 용서해줄 수 있어?"

"네, 아빠를 용서해줄 수 있어요."

"조이는 예수님 닮아서 아빠를 용서해주는구나, 고마워!"

서로 이야기를 주고받는데 조이의 한마디가 내 마음을 훈훈하게 했다.

"조이는 아빠와 엄마와 온유가 조이한테 잘못한 것이 있어도 '미안해'라고 한마디만 하면 다 용서해줄 거예요."

나는 아이의 관대함에 놀라지 않을 수 없었다. 아이를 꼭 안은 채 말했다.

"어떤 사람은 조이에게 잘못한 게 있어도 '미안해'라고 안할 수도 있어. 그래도 용서해줄 수 있어야 해, 알았지?"

때로는 아이들의 마음이 부모를 품고도 남을 만큼 넓다. 그 관대함은 어디서 나오는 것일까. 아이들은 오랫동안 삐쳐 있지 않는다. '미안해'라는 한마디에 매번 서슴없이 그 자리에서 부모나 자신에게 해를 끼친 사람을 용서하고 함께 어울린다. 주님의 모습을 이 아이들이 닮은 것일까. 조이를 통해 내 마음을 좀 더 확장하겠다고 다짐했다. 더 받아들이고 용납하는 삶을 살아야겠다고 다짐했다.

🍃 예방주사

아이들과 함께 독감 예방주사를 맞기 위해 병원에 들렀다. 평소 잘 알던 의사 선생님은 늘 우리 가족을 밝은 웃음으로 맞아주신다. 이전에 조이가 선생님 앞에서 갈라디아서 2장 20절 말씀을 암송한 적이 있는데, 그 말씀이 큰 힘이 되셨다며 우리 가정에 관심을 가져 주셨다. 그 분은 여름이면 아프리카 오지를 다니시며 의료 선교를 하시는 신실하신 크리스천이시다. 하나님께서 허락하신 특별한 만남임을 알 수 있었다.

예방주사는 아내, 나, 온유, 조이 순서대로 맞았지만 조이 차례에서 진땀을 뺐다. 주사를 무서워하는 조이의 몸부림은 내 힘으로도 제압하기 어려웠다. 결국 간호사 선생님의 도움을 받아야 했다.

예방주사는 큰 병을 사전에 차단하기 위한 수단이다. 맞을 때는 무섭고 아프지만 독감에 걸리거나 큰 병에 걸려 사경을 헤매는 것에 비하면 아무것도 아니다. '작은 고통을 통해 큰 아픔에서 벗어난다면 작은 고통은 당연한 것으로 받아들여야 하지 않을까' 하는 생각에 '지금 하고 있는 암송도 더 큰 환난과 더 많이 악해져 가는 세상을 살아갈 때 필요한 예방주사가 아닌가' 하는 생각을 해봤다.

'말세에는 믿음을 보겠느냐' 하는 주님의 말씀이 생각났다. 믿음은 들음에서 나며 들음은 하나님의 말씀으로 말미암는다고 하셨다. 말씀 없이 믿음이 성장한다는 것은 있을 수 없으며, 말씀 없이는 말세에 생존할 수 있는 믿음을 소유할 수 없다고 받아들여진다.

살아 계신 하나님의 말씀을 마음판에 새기는 말씀 예방주사를 통해 내 삶이 악한 세상의 더 깊은 곳에 들어서고 사망의 음침한 골짜기로 다닐지라도 흔들리지 않는, 튼튼하고 강건한 영육간의 삶이 되길 소망한다. 그래서 매일 지속하기 어려운 말씀암송 예방주사를 맞으며 주님께서 주시는 능력으로 끈기 있게 나아가길 소망한다.

말씀으로 가르치는 양육

많은 사람들은 "부모의 신앙을 아이들이 배운다"라고 말한다. 정말 그럴까? 주위를 보면 부모의 신앙과 상관없이 믿음을 가지지 못한 수많은 자녀들을 본다. 그들의 부모는 열정적으로 기도하고 말씀과 성령으로 생활하고 교회에서 중직을 맡고 있다. 그런데 그렇게 하나님 앞에서 신실한 모습을 자녀에게 보이며 사는 사람들의 자녀를 보면 안타까울 때가 많다.

교회에 출석하는 교인들의 평균 연령대가 점점 높아지는데 그들의 자녀가 모두 교회에 나온다면 지금 그 연령대가 이렇게 높지는 않을 것이다. 이런 현상을 보면서 부모가 자신이 신앙생활 하는 모습을 보이는 것만으로 자녀들을 믿음의 사람으로 양육할 수 없다는 생각이 든다. 정확하게 내 자녀가 믿음의 유업을 잇기 위해서는 모범을 보이는 부모의 역할은 두 번째이고, 첫 번째는 말씀이다. 말씀으로 가르쳐야 한다.

모범을 보이는 삶보다 훨씬 중요한 것이 하나님의 말씀을 통해 자녀들을 양육하는 것이다. 부모를 보고 자란 아이는 사람들의 실망스런 모습을 통해 넘어지지만 말씀으로 자란 아이들은 하나님을 보고 자라기에 그렇지 않다. 이것이 우리의 자녀들이 끝까지 하나님의 사람으로 그분을 경외하는 삶을 살 수 있는 방법이다. 누군가는 '하나님을 경외하는 것이 가르쳐서 되는 일인가'라고 할 수 있겠지만 성경 말씀은 '가르쳐야 된다'라고 한다.

네 자녀에게 부지런히 가르치며 집에 앉았을 때에든지 길을 갈 때에든지 누워 있을 때에든지 일어날 때에든지 이 말씀을 강론할 것이며 신 6:7

부모가 말씀으로 양육할 때 자녀는 하나님을 경외하는 삶을 살 수 있으리라 확신한다. 하나님의 말씀이 자녀들의 혼과 영과 및 관절과 골수를 찔러 쪼개고 아이들의 모든 마음의 생각과 뜻을 판단하서서 그분의 자녀로 합당하게 살 수 있게 한다. 이는 하나님을 경외하는 사람을 만들 수 있는 유일한 모범임을 확신한다.

Part 2

태교부터
말씀 심는 가족

태교의 완성은 잉태하는 기간인 열 달에 제한되지 않는다.

그 시간 동안 태아에게 말씀을 먹이고,

태어난 후에는 아이의 마음 밭에 말씀을 심고 함께 예배드리며

성경적인 방법으로 구별된 자녀로 양육해야 한다.

예배자로, 또 기도의 용장으로 세워

예수님의 참 제자로 살아갈 수 있도록 하는 것까지가 태교이다.

chapter 4

엄마의 암송태교

태교의 완성

보라 자식들은 여호와의 기업이요 태의 열매는 그의 상급이로다

시 127:3

'사 남매의 엄마'라는 이름은 축복도 있지만 늘 '부담'과 '염려'라는 수식어가 따라다닌다. 자녀들은 우리의 소망과 능력이 되시는 아버지께서 허락하신 하늘의 상급이요, 여호와의 기업이기에 그 어떤 시선이나 걱정도 염려가 되지 않았다. 아이들이 귀한 축복과 복음의 통로이고 놀라운 하나님의 선물이라는 것을 잘 알기에 이를 통해 일하실 하나님을 기대하게 된다.

하나님의 은혜로 세 아이를 말씀암송으로 태교할 수 있었다. 태아에게 그 어떤 영양제보다 더 중요한 영양분은 다름 아닌 '하나님의 말씀'이다. 하나님께서는 태의 열매를 상급으로 허락하셨고 그것을 통해 엄마와 태아의 영적 성장을 기대하신다. 하나님께서는 순전하고 신령한 젖을 사모하라고 말씀하신다. 순전하고 신령한 젖, 그것은 주님의 완전한 말씀이다.

엄마의 젖을 통해 갓난아이의 육체가 균형 있게 자랄 수 있듯이 하나님의 말씀은 영의 균형을 잡아주는 최고의 영양분이다. 하나님의 말씀을 기쁨 가운데 암송하는 은혜와 축복에 엄마의 사랑을 더하면 말씀의 능력은 고스란히 태아에게 전달된다. 인간의 언어와 지식이 아닌 살아 계신 하나님의 말씀으로 서로의 마음을 소통하고 교감을 나누기 때문에 엄마도 태아도 성령충만하게 되며 세상이 줄 수 없는 최상의 태(胎)의 환경을 만들어줄 수밖에 없다.

태교의 완성은 잉태하는 기간인 열 달에 제한되지 않는다. 그 시간 동안 태아에게 말씀을 먹이고, 태어난 후에는 아이의 마음 밭에 말씀을 심고 함께 예배드리며 성경적인 방법으로 구별된 자녀로 양육해야 한다. 예배자로, 또 기도의 용장으로 세워 예수님의 참 제자로 살아갈 수 있도록 하는 것까지가 태교이다.

오직 주께서 나를 모태에서 나오게 하시고 내 어머니의 젖을 먹을 때에

의지하게 하셨나이다 내가 날 때부터 주께 맡긴 바 되었고 모태에서 나올 때부터 주는 나의 하나님이 되셨나이다 시 22:9,10

세 번째 상급을 받다

나는 우리 집의 양치기 소녀였다. 셋째의 잉태를 기도하며 간절히 바라고 있었기에 몸에 약간의 이상 징후가 생기면 임신한 것 같다며 남편에게 증상을 알렸다. 하지만 임신자가진단기를 사용해보면 매번 임신이 아닌 걸로 나와 당황한 적이 한두 번이 아니었다. 남편은 차라리 진단기를 살 돈으로 맛있는 거 사먹으라며 믿어주지 않았다. 셋째 사랑이를 주신 것을 확인하던 날도 또 양치기 소녀가 될까 봐 남편 몰래 테스트기를 구입해서 확인했고 열 달간의 기다림에 종지부를 찍었다.

우리 가족은 아이의 태명을 지을 때부터 신중하다. 태명이 곧 이름이 되는 우리 집만의 역사가 있기에 고민을 거듭하며 지었다. 열 달 동안 태명으로 불리다 다른 이름으로 불리면 우리도 태속의 아이도 혼동이 될 것 같아 태명이 이름이 되도록 했다.

셋째의 성별을 알기 전부터 믿음으로 '사랑'이라는 태명을 지었다. 처음 사랑이의 잉태 소식을 들은 조이가 말했다.

"엄마, 진짜 엄마 배 속에 하나님이 아기 씨앗을 넣어주셨어요?"

"응, 조이야. 정말 기쁘지?"

"네, 무척 기뻐요. 아기 이름은 어떻게 하실 거예요? 내가 지어주고 싶다."

그러면서 '치연이', '순천이' 등 다소 받아들이기 어려운 이름을 지어주며 관심을 보였다.

"조이야, 축복해줘야지."

"아가야, 예수님의 이름으로 사랑하고 축복해. 엄마 배 속에서 쑥쑥 자라서 건강하게 만나자. 아~, 엄마 배가 빨리 불러서 아기가 얼른 나왔으면 좋겠다. 많이 자야 해요?"

"응, 많이 자야지 만날 수 있어."

"그래도 병원에서는 볼 수 있잖아요. 병원에 빨리 가요."

온유를 잉태했을 때 병원을 함께 오가며 형이 될 준비를 했었기 때문에 조이에게는 익숙한 일이었다.

"온유야! 엄마 배 속에 아기가 있어. 온유도 축복 기도해줘!"

"어디, 어디? 아가 보여줘."

온유는 내 옷을 들춰 보며 아기 씨앗을 찾으려고 애를 썼다. 나는 온유를 다독이며 말했다.

"아직은 너무 작은 씨앗이라서 눈에 보이지 않아. 시간이 지나면 만나게 될 거야."

온유는 내 배에 손을 얹고 "아가야, 축복해. 사랑해. 나중에 만나자" 하고는 배에 입술을 대고 뽀뽀해주었다.

나는 딸이기를 간절히 바라는 마음으로 조이에게 말했다.

"조이야, 하나님께 엄마 배 속에 예쁜 여자아이로 달라고 기도해줘."

"엄마! 하나님이 이미 넣어주셨잖아요."

그동안 하나님께 여동생을 주시길 기도해왔던 조이에게 아기 씨앗은 당연히 여자아이였고, 그런 조이의 눈에 불안해하는 엄마가 오히려 이상해보인 것이다. 왠지 모르게 세 번째 상급은 딸일 것만 같은 믿음이 생겼고 마음도 아주 평안했다.

딸이든 아들이든 상관없이 하나님의 위대한 역사에 쓰임 받을 일꾼으로, 온전히 하나님의 이름과 영광을 위해 쓰임 받는 아이로 하나님께 완전히 드리겠다는 고백을 하고 얻은 아이이기에 세 번째 주신 상급은 더할 나위 없이 큰 기쁨과 감동과 감사를 안겨주었다.

고통스러운 입덧

첫째와 둘째 때는 입덧 없이 지나갔다. 그래서 입덧이 어떤 것인지 정확히 알지 못했다. 그런데 셋째 때는 입덧이 매우 심했다. 밥 냄새, 냉장고 냄새, 알게 모르게 섞여 있는 미세한 냄새만 맡아도 미칠 지경이었다. 입덧은 내 의지와 상관없이 내 몸과 영혼을 조금씩 갉아먹고 있었고, 기운이 없으니 누워 있는 날도 많아 나도 아이들도 엉망이 되어 갔다.

내 안에 있는 말씀으로 이겨보리라 다짐하며 노력했지만 쉽지 않았다. 입덧을 겪으면서 사탄의 영적 방해가 있을 수도 있겠다는 생각이 들었다. 입덧으로 태아에게 질 좋은 영양분을 흘려보내야 할 시기에 제대로 먹지를 못해 엄마도 아가도 영양의 불균형을 초래하게 된다. 뿐만 아니라 입덧으로 기운이 없어지고 힘들어서 삶이 나태해지고 무기력해지는 게 당연했다. 사랑과 정성으로 태교해야 할 시기에 어떤 일들을 할 엄두도 못 내며 어려움 가운데 처하게 되고, 육체의 고통과 정신적 어려움이 범사에 감사와 기쁨과 찬양을 떠나게 하여 하나님의 영적 공급을 막는 요인이 될 수 있다는 것을 알게 되었다.

이 시기는 태아도 산모도 영적으로나 육체적으로나 최고의 시간을 누려야 한다. 그래서 이런 어려움의 틈을 사탄에게 내어주어서는 안 되겠다는 생각이 들었다. 그래서 더욱 영적으로 무장하고 감사하려고 애썼다. 참 감사한 것은 입덧을 통해 내 영적 상태를 돌아보게 하시는 것이었다.

고난 당한 것이 내게 유익이라 이로 말미암아 내가 주의 율례들을 배우게 되었나이다 시 119:71

시편 18편 2절 말씀처럼 "나의 반석이시요 나의 요새시요 나를 건지시는 이시요 나의 하나님이시요 내가 그 안에 피할 나의 바위시요 나의 방패시요 나의 구원의 뿔이시요 나의 산성이신" 하나님께서 내 힘이 되신 것이 얼마나 감사한지 모른다. '피할 수 없으면 즐기라'라는 말처럼 잉태의 고통을 피할 수 없는 일이라면 그것을 통해 주님의 은혜를 누리기로 결정했다. 살아 계신 하나님의 말씀 외에는 더한 치료제가 없음을 알기에 주님도 내 연약함을 함께 감당하고 계심에 감사하고, 귀한 은혜의 시간을 누릴 수 있도록 인도해주시는 주님께 감사드렸다.

입덧을 잠깐 하고 지나가는 사람도 있고 열 달 내내 시달리며 고생하는 사람도 있기에 입덧을 하는 몇 개월 동안 이 고통의 시간이 언제쯤 멈출지를 기대하면서 더욱 말씀에 매진하게 되었다. 시간이 지나면서 메스꺼움과 구토 증상도 사라졌다. 아이들에게 생선을 구워주는 것은 엄두를 내지 못할 정도였는데 날 힘들게 하던 냄새가 사라져 얼마나 감사했는지 모른다. 고통스러웠던 식사 시간과 냄새에서 자유하게 되니 모든 것이 감사하고, 일용할 양식을 즐길 수 있는 것에 새삼 행복을 느끼게 되었다.

암송 노트 쓰기

조이를 잉태했을 때는 첫 아이라는 설렘과 기대감으로 태교 일기를 꼬박꼬박 정성스럽게 썼다. 아쉽게도 온유 때는 인터넷에 글을 올리는 것 외에 따로 마련해주지 못했다. 온유에게 미안하지만 인터넷에라도 태교의 흔적이 남아 있으니 다행이다. 셋째 사랑이 때는 본격적으로 암송태교를 시작하면서 일기를 쓰기 시작했다. 물론 인터넷상으로 쓰고 있지만 매일 새롭게 암송하는 말씀을 노트에 적고 사랑이에게 전하는 축복의 말과 기도를 적었다. 나중에 아이에게 그 어떤 것보다 귀한 선물이 되기를 기대하면서….

나의 힘이신 여호와여 내가 주를 사랑하나이다 여호와는 나의 반석이시요 나의 요새시요 나를 건지시는 이시요 나의 하나님이시요 내가 그 안에 피할 나의 바위시요 나의 방패시요 나의 구원의 뿔이시요 나의 산성이시로다 내가 찬송 받으실 여호와께 아뢰리니 내 원수들에게서 구원을 얻으리로다 시 18:1-3

사랑이에게 이 말씀을 심어주었다. 매일 새로운 말씀을 새기는 기쁨이 컸고, 사랑이에게 매일 생명의 말씀을 흘려보낼 수 있어서 감사했다. 아이에게 어떤 말씀을 암송해줄까 기도하다가 아이와 내게 힘이 되시는 하나님을 말해주고 싶었다. 사랑이의 반석이시고 요새이시며 사랑이를 건지시는 이시고 사랑이의 하나님이 되시며 사랑이가 피할 바위이시고 방패이시며 구원의 뿔이시고 사랑이의 산성이신 하나님, 그래서 우리가 사랑할 수밖에 없는 힘이 되시는 하나님이심을 사랑이가 알고 그분을 의지하기를 소망하는 마음으로 사랑이를 말씀으로 덮고 축복해주었다.

항상 기뻐하라 쉬지 말고 기도하라 범사에 감사하라 이것이 그리스도 예수 안에서 너희를 향하신 하나님의 뜻이니라 성령을 소멸하지 말며 예언을 멸시하지 말고 범사에 헤아려 좋은 것을 취하고 악은 어떤 모양이라도 버리라 살전 5:16-22

암송태교를 하면서 하나님께서 많은 것들을 깨닫게 해주시고 은혜를 부어주셨다. 둘째 온유에게 태교할 때는 주먹구구식의 암송태교로 지혜가 많이 부족했다. '그때 이렇게 했으면 좋았을 걸' 하며 많은 아쉬움이 남았는데 셋째 사랑이를 통해 또 새로운 역사를 써가시는 주님이 계시니 감사할 따름이었다.

더군다나 든든한 태교 지원군인 두 오빠와 함께하는 태교이기에 부어주시는 은혜는 몇 배가 되리라 믿어 의심치 않았다. 사랑이와 함께 데살로니가전서 말씀을 암송하면서 항상 기뻐하고 쉬지 말고 기도하고 범사에 감사하는 것이 그리스도 예수 안에서 나와 아이를 향하신 하나님의 뜻임을 깨닫게 하셨다.

이 말씀이 암송태교의 모든 부분이라고 할 수 있다. 내가 항상 기뻐할 때 그 기쁨이 고스란히 아이에게 흘러갈 것이고, 쉬지 않고 기도하는 것을 통해 주님과 깊은 호흡을 하게 될 것이다. 범사에 감사하는 것을 통해 얻는 평안과 행복이 아이를 평안하고 행복하게 할 것이다. 그리고 이 모든 것이 그리스도 예수 안에서 우리를 향하신 하나님의 뜻이라고 말씀하신다. 임신을 하면 흔히 하는 말이 있다. 좋은 생각만 하고 예쁜 것만 먹고 나쁜 뉴스는 듣지 말라며, 태아에게 좋지 않은 영향력을 줄 수 있는 것들은 사전에 피하도록 한다.

말씀으로 태교하는 이 시간을 기쁨과 평안과 행복으로 누리길 바랐다. 말씀처럼 성령을 소멸하지 말고 예언을 멸시하지 않으며 항상 기뻐하고 쉬지 않고 기도하고 범사에 감사하는 생명의 태교를 놓지 않으리라고 다짐했다.

찬양과 함께하는 태교

피아노 쪽으로 가는 내 모습을 보자마자 달려와 한 자리씩 차지하려는 두 형제를 만류하고 피아노 앞에 오랜만에 앉았다. 혼자만의 찬양으로 은혜를 누리고 싶었기 때문이다. 하지만 엄마와 떨어질 수 없는 태속의 사랑이에게는 "엄마랑 같이 찬양하자. 엄마가 찬양을 부를 때 사랑이도 함께 찬양해!" 하고 은혜의 강가로 함께 나아갔다.

찬양집을 한 장 한 장 넘기며 한동안 느껴보지 못한 은혜의 시간을 만끽했다. 그러다 계속 반복해서 부르게 된 게 스바냐서 3장 17절 말씀으로 만든 찬양 〈너의 하나님 여호와가〉였다.

너의 하나님 여호와가 너의 가운데 계시니

그는 구원을 베푸실 전능자시라

그가 너로 인하여 기쁨을 이기지 못하시며

너를 잠잠히 사랑하시며 즐거이 부르며 기뻐하시리라

나를 향하신 하나님의 사랑과 나를 너무나도 기쁘게 여기시는 그 마음이 고스란히 아이에게 전해지길 바라며 계속해서 축복하며 찬양을 불렀다. 그렇게 찬양의 시간이 끝나고 아이에게 다시 말씀으로 축복해주었다.

찬양으로 표현한 말씀을 다시 한 번 말씀으로 태교할 수 있다는 게 암송태교의 묘미가 아닐까 싶다. 사랑이의 하나님 여호와가 사랑이 가운데에 계시니 그는 구원을 베푸실 전능자이시고 그분이 아이로 말미암아 기쁨을 이기지 못하시며 아이를 잠잠히 사랑하시며 즐거이 부르며 기뻐하시는 모습이 고스란히 내 마음에 그려졌다. 하나님의 따스한 시선이 사랑이에게 머물러 있는 느낌이 들어 감사하고 행복했다.

살아 계신 하나님의 말씀으로 사랑하는 아기를 축복할 수 있는 기쁨과 행복은 해보지 않은 사람은 알지도 누리지도 못한다. 이 귀한 복을 누릴 수 있음에 감사하고 아이에게 흘려보낼 수 있어 행복했다.

한 달 만에 기대하고 떨리는 마음으로 사랑이를 만나러 갔다. 잘 있는지, 얼마나 컸는지도 궁금했지만 가장 궁금했던 것은 사랑이가 공주님인지 왕자님인지였다. 하루하루가 점점 더 기다려졌다. 새벽예배 때 혹시 딸이 아닐지라도 하나님의 뜻에 감사할 수 있는 마음을 주시길, 그리고 기쁨으로 감당하고 평안함을 주시길 구하며 마음의 준비를 했다. 하지만 딸에 대한 소망의 마음이 컸기에 병원으로 가는 내내 가슴이 뛰었다.

남편과 두 형제님들도 사랑이를 만나는 기쁨으로 설레어 있었다. 담당 의사 선생님께서 먼저 머리부터 심장, 척추, 손가락, 발가락 하나하나까지 사랑이가 잘 자라고 있는지 꼼꼼하게 확인해주시고 이것저것을 궁금해하는 조이에게 친절하게 답해주시며 설명해주셨다.

그리고 기다리던 시간이 돌아왔다. 아이의 다리 사이를 면밀하게 관찰하시던 선생님께서 사랑이가 다리를 웅크리고 있어서 잘 보이지 않는다고 난감해하셨다. 다른 의사 선생님 같으면 다음에 보자고 하셨을 법도 한데 본인이 궁금해서 안 되겠다 하시며 내 배를 초음파 기계로 흔드시며 사랑이를 움직이게 하셨다.

"누굴 닮았는지 좀 보자. 움직여 봐라."

그리고 잠시 후 "공주님이네~" 하는 소리를 듣는 순간 나는 '할렐루야'를 외치며 박수와 함께 기쁨의 탄성을 질렀다. 어찌나 감사하고 행복한지 그 기쁨은 세상을 다 주는 것보다 더 큰 선물을 받는 기쁨이었다. 하나님께서 허락하신 기쁨에 연신 웃고 있는 나를 빤히 쳐다보며 조이가 말했다.

"엄마, 사랑이가 공주인 게 뭐가 그렇게 좋아요?"

여동생이라고 믿고 있던 조이에게는 당연한 일인데 놀라며 좋아하는 엄마가 이상해보인 것이다. 사랑이의 성별을 궁금해하시는 가족과 지인들에게 기쁨의 메시지를 보내고 많은 축하 인사를 받았다. 사랑이를 향한 하나님의 계획이 기대되었다.

셋째 사랑이를 잉태했을 때는 조이와 온유와 남편과 함께 한 달에 한 번씩 빠지지 않고 사랑이를 만나러 갔다. 하지만 넷째 시온이는 첫 만남부터 혼자 산부인과를 방문했다. 온 가족이 우르르 몰려다니는 게 사람들의 이목을 너무 끌 것 같은 우려와 오랜 대기 시간 동안 아이들과 함께 있는 것에 대한 부담 때문이었다. 그런데 아이들은 엄마 혼자만 시온이를 보러 간다며 서운해했다. 그래서 나는 성별을 알 수 있는 그날에 맞춰 아이들과 다함께 산부인과를 방문했다. 삼 남매는 동생을 만날 생각에 들떠 있었지만 나는 산부인과에서 시선이 우리에게 집중될 수 있다는 마음의 준비를 하고 갔다.

남편이 아이들과 주차를 하는 동안 먼저 병원에 들어와 접수를 하고 앉아 있는데, 아이들이 한 명씩 들어와 내 주위에 모이기 시작했다. 아니나 다를까 대기실에 꽉 차 있는 산모들의 눈이 휘둥그레

커졌고 "넷째, 넷째" 하며 소곤거리는 소리가 들렸다. 피할 수도 없고 별 도리가 없기에 '그래, 난 네 아이의 엄마다' 하며 자유롭게 시선을 즐겼다. 내 차례가 되어 남편과 아이들과 함께 진료실에 들어갔다. 한 달 사이에 많이 자란 시온이는 온 가족의 환영을 받으며 활발하게 움직였다. 성별을 여쭤 보기도 전에 선생님께서 쪼르륵 서 있는 아이들을 보며 세밀하게 관찰하시더니 딸이라고 말씀해주셨다. 두 형제는 '아들 둘, 딸 둘'이라며 행복해했고, 초음파 화면을 뚫어져라 쳐다보던 사랑이는 "아기, 귀여워"를 연신 외쳤다.

넷째가 딸이기를 바라기도 했지만 실은 딸일 거라는 믿음이 있었다. 사랑이를 잉태했을 때와 비슷한 증상이 많았기 때문이었다. 이렇게 사랑이에게 자매를 만들어주셔서 그야말로 기쁨과 감사가 넘쳤다.

새로운 가족을 맞을 준비를 하며 함께 태교하고 있는 삼 남매와 알콩달콩 러브스토리를 이어갈 수 있도록 시온이를 보내주신 하나님께 감사드렸다. 마지막 태교이기에 후회와 아쉬움이 없도록 넘치는 사랑과 태교로 심혈을 기울여야겠다고 다짐했다. 민족개조와 더불어 주의 길을 예비하는 또 한 명의 신인류를 꿈꾸며 기도했다.

'하나님! 우리 가정에 허락하신 귀한 딸, 주님이 주신 사랑과 은혜로 잘 세우겠습니다. 현숙하고 지혜로운 여인이 되도록, 열방의 어머니가 되도록 인도해주세요. 할렐루야.'

어떠한 공격에도

좀 늦은 나이에 넷째를 출산하다 보니 산부인과에서 요구하는 각종 검사가 줄지어 기다리고 있었다. 이미 셋째 사랑이때부터 노산이라는 소리를 들어왔고, 그때부터 각종 검사의 권유를 받아왔지만 믿음으로 기본 검사 외에는 다 건너뛰었다. 이번에도 어김없이 양수 검사와 태아 목두께 검사, 정밀 기형아 검사 등의 권유를 받았지만 내 진료 기록을 보시고 전적을 아시는 의사 선생님께서 검사를 넘기셨다.

하나님께서 하늘의 상급을 주셨으니 끝까지 건강하게 책임져주시리라는 게 내 믿음이었다. 그래서 필수 검사를 제외한 다른 검사는 받지 않았다. 또 검사를 통해 태아의 기형 여부를 안다고 한들 특별한 조치를 취할 수 있는 것도 아니다. 태아의 상태를 알고 마음의 준비를 하고 출산을 하든지 아니면 유산을 하든지 결정해야 하는데 산모의 입장에서는 둘 다 힘들다. 어차피 믿음의 사람들은 주신 생명의 소중함을 알기에 하나 마나한 검사를 굳이 돈을 들여가며 할 필요가 없다고 생각했다. 그래도 필수적으로 받아야 하는 검사는 빠뜨리지 않았다.

셋째 사랑이를 임신했을 때, 임신성 당뇨 검사가 있던 날이었다. 검사 전에 특별한 지시 사항이 없었기 때문에 보건소에 가는 길에 김밥을 먹었다. 한 시간 정도의 검사 시간에 배고플 것 같아서였다. 드디어 진료실에 들어갔다. 검사 시작 5분 전에 밥을 먹었다는 말에 선생님은 약간 염려하셨지만 검사 시약을 마시고 한 시간 뒤에 채혈하고 집에 돌아왔다.

이틀 뒤에 검사 결과가 나왔다. 임신성 당뇨 수치가 90~140이 정상인데 내 수치가 147로 초과되어 재검사를 받으라고 했다. 검사 전에 먹은 김밥 때문에 수치가 올라간 게 분명했다. 며칠 뒤에 사랑이를 만나기 위해 병원을 찾았고 담당 의사 선생님은 내게 당뇨 재검사를 요청했다. 그런데 난 별로 하고 싶지 않았다. 그 김밥 때문이라는 확신이 있었고 하나님께서 사랑이에게 이미 부어주신 은혜를 생각할 때 아무런 문제가 없을 거라는 강한 믿음이 있었기 때문이다. 그래서 검사를 안 해도 될 것 같다고 선생님께 말씀드렸다. 그런데 선생님께서 일단 수치가 정상권을 벗어났고 출산할 때 문제가 될 수 있다고 검사를 권유하셨다. 어쩔 수 없이 임신성 당뇨 재검사를 받았다.

전날 밤부터 금식을 했고 세 시간 동안 네 번의 피를 뽑았다. '왜 그날 생각 없이 김밥을 먹어서 이런 시간 낭비를 하고 있나' 하는 자책을 하면서 세 시간 동안 반성의 시간을 가졌다. 이틀 뒤에 검사 결과가 '정상'이라는 통보를 받았고, 높았던 당뇨 수치는 아무런 문제가 되지 않았다.

사탄은 우리의 여러 상황 속에 걱정과 근심을 밀어 넣으려고 한다. 특히나 임산부에게 나타나는 조금의 이상은 태아에게 큰 영향을 미칠 수 있다는 걱정으로 위장하여 끊임없이 공격한다. 산모에게 두려움과 근심과 걱정을 밀어 넣어 산모와 태아를 불안하고 초조하게 하고 하나님을 불신하게 만들며 마음의 평안과 감사와 기쁨이 사라지게 한다.

하지만 우리가 원수의 어떠한 공격에도 넘어지거나 쓰러지지 않을 수 있는 것은 하나님의 말씀이 있고 친히 모든 질고를 지고 십자가에서 보혈의 능력을 보여주신 주님이 우리와 함께하시기 때문이다. 그분과 함께할 때는 그 어떤 것도 염려가 되지 않는다. 아이에게 이상이 있지는 않을까, 장애를 가지면 어쩌나 하는 온갖 염려를 예수님의 이름으로 끊고 우리의 구원자이시며 힘이 되시는 여호와를 신뢰해야 한다.

보라 하나님은 나의 구원이시라 내가 신뢰하고 두려움이 없으리니 주 여호와는 나의 힘이시며 나의 노래시며 나의 구원이심이라 사 12:2

모든 문제를 해결하시고 모든 근심과 걱정에서 해방시켜주시는 하나님이 내 안에 함께하시면 그 어떤 불안이나 두려움이나 염려도 문제가 되지 않는다. 주님은 능력의 주님이시고 우리를 지키시고 보호해주시는 분이기 때문이다. 말씀 가운데에 믿음으로 선포하며 나아갈 때 산모와 태아에게 가장 최고의 것으로 지켜 보호해주시고 평안과 기쁨으로 인도해주실 줄 믿는다.

강보에 수놓기

셋째 사랑이와 넷째 시온이를 위해서 암송태교와 함께 특별히 준비한 선물이 직접 수를 놓은 강보였다. 두 형제들을 잉태했을 때는 감히 상상도 못했던 일이다. 그런 점에서 두 아이들에게 미안하다. 완제품이 아닌 반제품을 구입했다. 신생아용품으로 속싸개, 배냇저고리, 턱받이, 모자, 손 싸개, 발 싸개를 한 땀 한 땀 정성들여 박음질도 하고, 레이스와 리본도 달고, 고무줄도 끼우며 많은 시간과 정성을 들여 만들었다.

서툰 바느질 솜씨이지만 손 싸개에 시편 18편 1절을 수놓았다. 몇 글자는 되지 않지만 수놓는 것에만 무려 두 시간 가까이 걸렸다. 하지만 그 시간이 힘들지 않고 오히려 행복했다. 한 땀 한 땀 정성스럽게, 말씀의 능력이 사랑이에게 전해지기를 기도하는 마음으로 수를 놓으며 그 말씀으로 축복하고 배 속의 아이와 이야기도 하다 보니 시간이 정말 금방 지나가버렸다.

옛 어르신들은 정말 대단한 것 같다. 자녀들의 옷을 일일이 바느질로 지어 입히셨을 텐데 그것도 잘 보이지도 않는 등불 옆에서 밤을 지새우면서 어찌하셨을까. 농사지으랴, 집안일 하랴, 그 많은 일들을 하면서 말이다. 얼마 되지도 않는 바느질을 하면서 새삼 그분들을 존경하게 되었다. 지금은 필요한 것을 그때그때 구입해서 입히기만 하면 되니 얼마나 편한 시대에 살고 있는지…. 그렇게 감사해야 할 이유들을 찾아보며 참 많은 것을 느꼈다.

매일 밤 두 형제가 잠들고 남편도 기도의 골방으로 들어가면 나는 문틈 사이로 새어 나오는 남편의 기도 소리를 들으며 혼자 거실에 앉아 수를 놓았다. 혼잣말로 사랑이에게 말씀을 들려주기도 하고 기도를 하기도 했다. 이런저런 생각을 하며 한 땀 한 땀 이어갈 때마다 마음에 평안과 기쁨이 가득했다. 이런 시간을 누릴 수 있는 것이 큰 축복이었다.

아마 마리아도 예수님을 잉태하고 그랬으리라 생각했다. 가브리엘 천사로부터 잉태 소식을 듣고 엘리사벳을 찾아가 머물면서 요한을 잉태했던 엘리사벳과 함께 태교에 전념했을 것이다. 마리아도 유대인이었기에 토라(Torah)를 암송하며 말씀 가운데에 거했을 거라고 짐작된다. 또 유대인들은 아기가 태어나자마자 사탄으로부터 보호하기 위해 말씀이 수놓인 강보로 싸는 게 전통이라고 한다. 성경을 통해 예수님도 강보에 싸였던 것을 볼 수 있다. 찬양과 평안과 기쁨과 행복한 마음이 고스란히 예수님께 전해졌을 것이다.

앞으로 태어날 아이에게 말씀이 수놓인 옷을 입혀 강보에 누일 생각을 하니 기대되고 설렜다. 손 싸개와 속싸개에 이어 턱받이와 모자와 발 싸개와 배냇저고리에도 수를 놓았다. 턱받이에는 고린도 전서 10장 31절 말씀으로 '사랑이는 먹든지 마시든지 무엇을 하든지 다 하나님의 영광을 위하여 하라'를, 모자에는 데살로니가전서 5장 16절 말씀을 영어로 'Be joyful always!'를, 배냇저고리에는 요한삼서 1장 2절 말씀으로 '사랑하는 자여 네 영혼이 잘됨같이 네가 범사에 잘되고 강건하기를 내가 간구하노라', 발 싸개에는 시편 119편 105절 '주의 말씀은 내 발에 등이요 내 길에 빛이니이다'를 한쪽에는 영어로, 한쪽에는 한글로 수를 놓았다.

많은 정성과 시간이 들었지만 그것들을 아이에게 입힐 생각을 하니 벅찬 감격과 감동이 밀려왔다. 말씀의 능력과 하나님의 은혜와 사랑이 빛과 진리로 아이의 삶을 송두리째 인도해주시길 간구하며 아이에게 입힐 그날을 기대하며 기다리게 되었다.

드디어 세상 빛을 본 아이에게 준비했던 말씀 선물을 입혔을 때는 말할 수 없는 감동이 밀려왔다. 사랑이에 이어 넷째 시온이에게도 말씀 강보를 만들어주었다. 그러고 보니 딸들에게만 주는 귀한 선물이 하나님의 예비하심이라는 생각이 들었다. 집중적으로 태교를 할 수 있는 사람이 엄마이기에 딸들이 내게서 받은 선물을 통해 그것을 배우게 될 거라고 생각한다. 하나님의 모든 섭리 가운데 최고의 선물을 할 수 있어 감사하고 행복하다.

히브리 여인처럼

하나님께서는 내게 특별한 은사를 주셨다. 일명 '순풍의 은사'이다. 첫째 조이는 다섯 시간 만에, 온유와 사랑이는 두 시간 반 만에, 넷째 시온이는 병원에 간 지 세 시간 만에 순산을 했다. 네 아이를 맞이하는 날을 두고 남편과 나는 간절히 소망하며 기도했다.

특별히 시온이는 꼭 예정일에 태어나기를 위해 기도했다. 세 아이를 한두 주 정도 조기 출산했던 터라 병원에서는 넷째도 그보다 더 앞당겨 출산 준비를 하라고 했다.

하지만 출산한 후에 세 아이를 돌보는 일은 남편이 감당해야 했기에 남편이 방학하는 날이 예정일이기를 바랐다. 그래서 그날 이후에 아이가 태어날 수 있기를 바라며 기도했다. 그런데 감사하게도 하나님께서는 네 아이 모두 기도하며 소원하던 날에 한 치의 오차도 없이 태어나도록 선하게 인도해주셨다. 감사하게도 각각 그때의 우리 상황에 맞는 날에 아이들을 태어나게 해주신 것이다.

첫째 조이는 신정 연휴, 온유는 추석 연휴, 사랑이는 특별새벽기도회가 끝나는 날, 시온이는 예정일 다음 날에 출산하게 해주셨다. 조기 출산의 전력을 깨고 넷째를 예정일이 지나 출산한 일은 전적인 하나님의 기적과 은혜라고 밖에 설명할 길이 없다. 나는 우리의 상황과 형편을 아시고 합력하여 선을 이루신 주님께 찬양을 드렸다.

산파가 바로에게 대답하되 히브리 여인은 애굽 여인과 같지 아니하고 건장하여 산파가 그들에게 이르기 전에 해산하였더이다 하매 출 1:19

히브리 여인이 강건하여 산파가 도착하기 전에 아이를 낳았던 것처럼 그런 은혜가 내게도 있기를 기도했고, 그 또한 응답해주셨다. 산파가 바로에게 거짓을 말했는지 진실을 말했는지 알 수는 없지만 확실한 것은 하나님께서 히브리 여인을 강건케 하셔서서 붙들고 계셨다는 것이다.

히브리 여인이 건강하여 산파가 이르기 전에 해산했던 것처럼 짧은 진통 가운데 순산하기를 기도했다. 그래서 그런지 첫째 조이를 출산할 때는 남들이 다 듣는 "힘주세요"라는 소리를 듣지 못하고, 오히려 "힘주지 마세요"라는 소리를 들어야만 했다. 의사 선생님이 분만실에 도착하기도 전에 조이가 나오려고 해서 오히려 나오지 못하도록 힘을 줘야 하는 상황이었다. 선생님이 도착하자마자 조이가 양수를 뚫고 힘차게 나왔다.

사실 둘째 온유 때는 순산할 수 있다는 내 교만함으로 기도를 조금 방심했던 것 같다. 그 때문에 세 번을 힘주고 온유를 출산했다. 모든 것에 주님의 은혜가 있음을 방관할 때 누릴 수 있는 복을 누릴 수 없게 되는 것을 경험했다. 내 입술의 말과 하나님의 말씀을 일치시키며 선포해갈 때 말씀의 능력이 응답의 은혜로 나타나는 경험을 했기에 말씀에 의지하여 말씀을 선포하며 기도할 때 또 다른 역사하심으로 은혜를 베풀어주실 줄 믿는다.

사랑이가 세상의 빛을 볼 신호를 보내고, 또 우리의 기도에 신실하게 응답해주실 것을 확신했기에 출산을 위해 이것저것 준비를 하며 새언니에게 전화를 했다.

"언니, 오늘 사랑이가 나올 거니까 집에 와서 조이와 온유를 좀 봐주세요."

"아가씨, 오늘이 기도하신 그날이에요?"

"네, 언제 나올지 모르니까 빨리 와줘요."

"이번에도 기도하신 날에 낳는 거예요? 진짜 신기해요. 얼른 준비해서 갈게요."

믿지 않는 새언니도 매번 응답해주시는 하나님의 은혜에 신기해하며 기다리는 눈치였다. 저녁을 먹고 나니 진통 시간이 짧아지고 강도가 심해지기 시작했다. 진통이 아주 심하지는 않아서 병원에 가는 걸 서두르지 않았다. 새언니에게 두 아이들을 부탁하고 밤 11시가 넘어 집을 나섰다. 바로 병원에 가는 것이 서운해서 남편과 함께 동네 한 바퀴를 돌았다. 진통이 오는 만삭의 몸이긴 했지만 오랜만에 연애할 때처럼 둘이 손잡고 동네를 걷는 기분은 최고였다.

그렇게 동네 한 바퀴를 돌며 마음의 준비를 하고 병원으로 향했다. 병원에 도착하니 자정이 다 되었다. 셋째라 그런지 훨씬 마음의 여유가 생겼다. 사랑이를 곧 만날 생각을 하니 설레기도 하고 두렵기도 했다. 가족 분만실에서 아이를 맞을 준비를 했다. 감사한 것은 이날 당직이 내 주치의 선생님이었다. 아이들은 어떻게 하고 왔느냐고 걱정해주시며 출산 진행이 잘되고 있으니 걱정하지 말라고 격려해주셨다. 한결 마음이 편했다.

짧고 긴 진통이 왔다 갔다 하기를 반복하는 가운데 진통이 오기 시작하면 남편과 함께 기도하고 말씀으로 선포하며 자궁이 빨리 열리기를 선포했다. 진통이 지나가면 남편은 내 옆에서 암송을 하

기 시작했다. 그러기를 반복하며 시간이 얼마 지나지 않아 진행이
다 되었으니 힘주기 연습을 하자고 하셨다.

조이와 온유 때는 만출기에 이르러 힘이 주어져서 쉽게 출산을 했
었는데 사랑이는 아직 내려오지 않은 상태에서 이미 자궁문은 다
열렸으니 힘주기로 낳는다는 것이다. 하나님의 때를 기다리고픈 마
음이 간절했지만 간호사의 도움으로 힘주기에 들어갔다. 생각만큼
쉽지 않은 일이다. 힘은 힘대로 들어가고 생각만큼 성과는 없는 것
같아 속이 상했다.

간호사가 알려주는 대로 힘주기를 여러 번 시행하고 정말 힘든
시간을 지나 드디어 아이가 나오려고 만출기에 돌입했다. 이제는
힘주지 않아도 아이가 나오려고 힘을 주는 단계인데 선생님이 오시
지 않았다. 히브리 여인이 또 떠올라 응답해주심에 감사했다.

이미 아이 둘을 낳았지만 처음으로 아이를 낳으면서 목청껏 소리
를 질렀다. 내 소리에 남편도 놀라 뛰어 들어오고 곧 주치의도 오셔
서 새벽 2시 27분에 사랑이를 낳았다. 회복실에 있는 동안 지나간
시간들이 주마등처럼 스쳐 지나가는데 어느 것 하나 주님의 손길이
미치지 않은 게 없었다. 아이가 태어나기까지 모든 과정마다 신실
하게 응답해주시고 인도해주신 한량없는 하나님의 은혜에 큰 감격
과 감사가 밀려왔다. 2박3일간의 병원생활을 마치고 퇴원하던 날,
주치의 선생님이 말했다.

"셋째라 쉬웠죠?"

"전 이번이 제일 힘들었던 것 같아요."

"그건 첫째, 둘째 때가 기억이 안 나서 그런 거예요."

사실 사랑이를 낳고 삼 일 만에도 그 고통이 기억이 안 나는데 몇 년 전의 고통이 기억날 리가 없었다.

"이제 딸 봤으니 그만 낳아야죠" 하는 의사 선생님의 말에 나는 그냥 미소만 짓고 나왔다.

여자가 해산하게 되면 그때가 이르렀으므로 근심하나 아기를 낳으면 세상에 사람 난 기쁨으로 말미암아 그 고통을 다시 기억하지 아니하느니라

요 16:21

역시 말씀은 정확하다. 할렐루야!

자연의 법칙으로 출산하다

난 독한 엄마이다. 네 아이 모두 유도 분만이나 무통 주사 등의 의료적 도움 없이 자연적으로 분만했다. 첫째 아이부터 셋째 아이까지는 철저하게 마음을 지켰다. 혹시라도 극심한 고통에 무통 주사를 놔 달라고 해도 들어주지 말라고 남편에게 일러두기까지 했다. 첫째를 잉태했을 때 우연히 읽었던 한 태교 책에서 무통 분만이나 마취제의 도움으로 출산한 아이들을 상대로 리서치를 한 결과

약물 중독 등에 빠질 확률이 그렇지 않은 경우보다 높다는 연구 결과를 보았다.

창세기 3장 16절 말씀처럼 잉태하는 고통을 겪으며 수고하여 고통 가운데 해산하는 게 성경적이라고 생각되어 위험한 상태에 이르지 않는 한 기도의 힘으로 출산하기를 기도하며 마음먹었다.

또 여자에게 이르시되 내가 네게 임신하는 고통을 크게 더하리니 네가 수고하고 자식을 낳을 것이며 너는 남편을 원하고 남편은 너를 다스릴 것이니라 하시고

여느 사람들에 비하면 정말 짧고 굵은 진통으로 해산하는 은혜를 입었건만 시간이 지날수록 사람들이 말하는 무통 천국을 누려보고 싶었다. 지인들에게 무통 분만에 대해 물어보고 고민하다 마지막은 꼭 천국을 누려보기로 결정했다.

넷째 시온이를 출산하던 날, 새벽예배를 마치고 아이들을 교회 집사님께 맡기고 여유 있게 산부인과로 향했다. 진통이 진통처럼 느껴지지 않았다. 주치의 선생님은 내 상태를 보더니 "진통도 없고 진행이 빠르니까 무통 주사 없이 갑시다"라고 말하며 오히려 나를 설득했다. 가장 힘들다는 분만 60~70퍼센트 진행일 때도 남편과 농담을 주고받을 정도로 네 아이 중 가장 평안한 가운데 출산하는 은혜를 누렸다.

짧고 굵은 진통이 올 때마다 시편 121편을 암송하며 시온이와 빨리 만날 수 있기를 소망했다. 출산 막바지에는 나도 '무통 천국'을 누려보고 싶었으나 많은 분들의 응원 기도와 하늘 아버지의 은혜로 지상 무통이 아닌 '천국 무통'을 경험했다. 넷째 시온이로 내 사명은 끝이지만 넷째를 출산했던 정도의 출산기라면 몇 명을 더 낳을 수 있겠다는 무모한 생각이 들기도 했다.

마지막까지 여러 돕는 손길을 통해 사랑을 베풀어주시고, 무엇보다 출산 과정 가운데 말씀으로 덮고 출산 후에 말씀으로 축복하게 하시고, 남편과 함께 눈물의 감사 기도를 올려드리게 하신 하나님께 감사드린다.

여호와께서 너를 지켜 모든 환난을 면하게 하시며 또 네 영혼을 지키시리로다 여호와께서 너의 출입을 지금부터 영원까지 지키시리로다

시 121:7,8

chapter 5

온 가족이 함께하는 태교

아빠의 태교

남편은 말씀암송태교를 알기 전부터 이미 암송태교의 본(本)이 되었다. 첫 아이를 잉태했을 때도 수시로 배에 손을 얹고 말씀으로 축복해주며 기도했고, 아이가 태어났을 때는 아이의 머리에 손을 얹고 시편 23편을 암송하며 축복해주었다. 둘째부터는 가족 분만을 할수 있어 진통부터 출산까지 모든 시간을 함께할 수 있었다. 아이의 탯줄을 자르고서 아이의 머리에 손을 얹고 시편 23편을 암송하며우리 가정의 제사장으로서의 축복권으로 네 아이를 모두 말씀으로축복했다.

본격적으로 말씀암송태교를 알던 때부터 열심을 다해 나와 남편은 함께 태교했다. 남편은 수시로 내 배를 쓰다듬으며 축복의 말과 기도로 배 속의 아이들을 축복했고, 출산 예정일에 맞춰 150일 전부터 시편 150편을 하루에 한 편씩 들려주었다. 암송할 수 있는 구절은 암송으로, 그렇지 않은 구절은 읽어주는 것으로 대신했다. 그리고 출산 예정일 31일 전부터는 잠언 31장도 함께 들려주었다.

밤마다 말씀을 들려주는 그 시간을 배 속의 아이도 아는 것처럼 어떤 날은 잠잠히 듣기도 하고, 또 어떤 날은 강한 발차기로 반응을 하며 남편의 목소리에 화답했다. 태에서부터 아빠의 목소리를 알아듣고 친밀하게 상호작용을 하는 게 신기하기만 했다. 남편과 함께하는 태교이기에 나도 아이도 늘 평안함 가운데에 이 시간을 누렸다. 남편은 배 속의 아이에게 들려주는 말씀이지만 더불어 내가 함께 은혜를 받고 행복을 누리고 있었기에 일석이조의 태교를 한 셈이다.

임신부를 대상으로 한 실험에서도 입증된 바대로 태아에게는 남성의 저음 목소리가 더 잘 전달된다. 다큐멘터리 〈태아성장보고서〉에 의하면 아빠가 임신 기간 동안 태아에게 친밀한 행동을 보일 경우 출생 후 아기와 아빠의 상호작용이 빨리 시작되는 것으로 조사됐다는 논문을 소개한다. 태아와의 감정적 교류를 통해 애착이 증진되고 출산 후 신생아와의 상호관계에도 긍정적인 효과가 있다는 것이다.

또 태교의 고전이라고 할 수 있는 조선시대에 저술된 〈태교신기〉

에서는 '스승의 십 년 가르침이 어머니가 배 속에서 열 달 기른 것만 못하며, 어머니의 열 달 기름이 아버지가 하루 낳는 것만 같지 못하다'라고 표현하며 아빠의 태교를 강조하고 있다. 엄마 못지않게 아빠의 태교가 중요하다.

꼭 이런 점이 아니더라도 하나님께서 허락하신 존귀한 생명에게 사랑과 정성으로 함께 태교하고 하나님의 사랑을 흘려보내는 일은 남편으로서 아빠로서 당연한 일이다. 저음이 태아에게 잘 전달되는 생명의 신비에 감사하며 아빠의 목소리로 말씀을 들려주는 것이야말로 복되고 귀한 일이 아닐 수 없다.

사랑이의 출산 예정일 71일을 남겨두고 남편은 시편 71편을 말씀으로 축복하며 기도해주었다. 시편을 다 읽고 난 후 남편은 은혜 받은 부분을 다시 읽어주었다.

주 여호와여 주는 나의 소망이시요 내가 어릴 때부터 신뢰한 이시라 내가 모태에서부터 주를 의지하였으며 나의 어머니의 배에서부터 주께서 나를 택하셨사오니 나는 항상 주를 찬송하리이다 시 71:5,6

남편은 다윗의 고백을 들으면서 태교의 중요성을 다시 한 번 깨달았다고 고백했다. 모태에서부터 이미 주께 선택받아 어릴 때부터 주를 의지하고 신뢰하는 것은 하나님의 전적인 은혜 없이는 불가능한 일이라는 것이다. 이것은 엄마의 태교가 얼마나 중요한지를 다시금 깨닫게 해주는 말씀이라고 했다. 남편은 주께서 사랑이를 태에서부터 택하셨기에 모태에서부터 주를 의지하고 어릴 때부터 주를 신뢰하는 딸이 되기를 기도하며 축복했다.

또 17,18절 말씀을 통해 하나님께서 어려서부터 교훈하셔서 주의 힘을 후대에 전하고 주의 능력을 장래의 모든 사람들에게 전해야 한다고 나눠주었다.

하나님이여 나를 어려서부터 교훈하셨으므로 내가 지금까지 주의 기이한 일들을 전하였나이다 하나님이여 내가 늙어 백발이 될 때에도 나를 버리지 마시며 내가 주의 힘을 후대에 전하고 주의 능력을 장래의 모든 사람에게 전하기까지 나를 버리지 마소서 시 71:17.18

우리는 다윗의 고백이 사랑이의 고백이 되기를 소망한다. 구원자되시고 피난처 되시는 하나님께 전적으로 의지하는 삶이 되기를 바라고, 어떠한 상황에도 주님을 노래하고 높이며 소망하는 인생이되기를 바란다. 다윗에게 임한 하나님의 은혜가 아이들에게도 차고넘치기를 소망하며 기도한다.

엄마 감시자
아이들은 가장 많은 시간을 함께 보내는 엄마에게서 많은 영향을 받는다. 엄마의 일거수일투족을 보며 자라기에 평소 언행에 조심하려고 노력하지만 뜻대로 잘 되지 않는다. 내 연약함과 부족함이 어김없이 드러날 때면 후회가 밀려오고 '다음에는 잘해야지' 하며 다짐하는 일이 반복된다.

요즘 나는 잘못된 말과 행동을 하면 친절하게 조목조목 짚어주는 아이들 때문에 제대로 시집살이를 하고 있다. 넷째 시온이를 잉태했을 때 특히 삼 남매의 감시가 매서웠다. 평소에 커피를 워낙 좋아했지만 아이를 갖고 나서는 거의 마시지 않다가 하루는 너무 피곤하고 졸려서 조금 마실 생각에 커피를 타고 있었다.

"엄마, 뭐해요?"

사랑이가 물었다.

"응, 커피 마시려고."

"커피? 그거 안 되는데…."

이 소리를 듣고 온유가 쪼르륵 달려왔다.

"엄마, 커피 마시려고요? 안 돼요~, 엄마가 먹으면 시온이도 먹는 거잖아요. 드시지 마세요!"

"커피 드셔서 시온이 까매지면 어떡해요? 안 드시는 게 좋을 것 같은데요."

조이까지 거들었다. 셋이 사방에서 이야기하는 통에 몇 모금 마시지도 못했다.

밥을 먹다가도 약간 매운 음식을 먹으려고 하면 시온이 걱정을 한가득 한다. 그래서 아이들 앞에서는 되도록 매운 음식을 먹지 않는다. 자기 전에 철분제를 챙겨먹는데 그날도 철분제 한 알을 아이에게 꺼내주고 그걸 받아먹었다. 이것을 지켜본 조이가 말했다.

"엄마, 지금 뭐 드신 거예요?"

"이거 철분약이야."

"엄마, 임신할 때는 약 드시면 안 되는 건데 드시면 어떡해요?"

"이건 아기를 위해서 먹어야 하는 약이야, 괜찮아~!"

"아~, 그런데 약은 다 아기한테 안 좋은 거 같은데…."

조이가 염려스러운 듯 혼잣말을 하며 돌아섰다.

두 눈을 부릅뜨고 엄마의 식생활을 감시하고 간섭하는 삼 남매 덕분에 어느 것 하나 쉬운 게 없다. 동생 사랑, 가족 사랑, 나라 사랑, 하나님 사랑을 몸소 실천하는 삼 남매로 인해 날마다 행복한 비명이 내 입에서 떠나지 않는다.

언니의 암송태교

이미 두 동생을 함께 태교했던 조이는 태교에 베테랑이 되었고, 사랑이를 함께 태교했던 온유 역시 넷째 시온이에 대한 사랑이 만만치 않았지만 특별히 사랑이가 시온이를 향한 남다른 사랑을 보여주었다. 핸드폰에 저장된 시온이의 초음파 동영상을 수시로 들여다보며 말했다. "아기 귀여워~, 시온이 귀여워~" 하고 애정을 드러내고, 기대어 쉬고 있는 엄마 배를 발견하면 수시로 와서 "시온아, 언니가 암송해줄게" 하고는 신명기 6장 4,5절 말씀을 암송해주었다.

또 자기가 좋아하는 손수건을 가져와 곱게 펴서는 "시온이 추우니까 덮어줄게" 하면서 내 배에 덮어주고는 "사랑해, 축복해" 하고 끌어안기도 하고 옷을 들어 올려서 배꼽에 뽀뽀도 해주며 언니 태교를 톡톡히 해주었다.

언니의 말씀을 듣고 축복을 받는 시온이도 복되지만 동생의 존재에 민감하게 반응하는 사랑이도 기특하고 사랑스러웠다. 28개월 된 언니의 태교를 받는다는 게 어디 흔한 일인가! 더불어 조이와 온유와 사랑이가 동생에 대한 남다른 사랑과 축복으로 함께 태교할 수 있는 은혜에 기쁨과 감사가 넘쳤다. 서로 아껴주고 위로하며 축복하고 격려하는 아름답고 사랑스러운 사 남매로 자라기를 기대하며 시온이를 만나는 날까지 두 오빠와 언니의 태교는 계속되었다.

보라 형제가 연합하여 동거함이 어찌 그리 선하고 아름다운고 시 133:1

명약보다 좋은 말씀

사랑이를 바운서에 눕혀두고 온유와 끌어안고 말씀암송을 하고 있는 중이었다. 온유는 내 무릎 위에 마주보고 앉아서 암송하는 것을 좋아해서 온유와 암송할 때는 자주 이렇게 한다. 새로 암송하는 말씀을 시작으로 유니게 1단계 말씀을 복습하려는데 사랑이가 칭얼거렸다. 더는 혼자 있기 싫은 것 같았다.

"온유야, 사랑이가 혼자 있는 게 싫은가보다. 온유가 사랑이에게 암송해줄까?"

"네."

사랑이의 바운서로 자리를 옮겨 온유가 얼굴을 사랑이에게 갖다대며 말했다.

"사랑아, 오빠가 암송해줄게. 울지마~, 이스라엘아 들으라~."

사랑이는 언제 칭얼거렸냐는 듯 함박웃음을 웃으며 온유 오빠의 암송 소리를 듣고 있었다. 온유가 암송하고 있는 동안 사랑이는 아주 평안하게 말씀을 들었다. 온유도 사랑이의 반응이 신기하고 좋았던지 암송을 다 끝내고 조이랑 암송하고 있던 남편에게 자랑을 했다.

"아빠, 사랑이가 울려고 했는데요, 내가 암송해주니까 안 울었다요."

한번은 시온이가 카시트에 있는 게 불편했던지 순하기만 하던 아이가 울음을 그칠 줄 몰랐다. 달리고 있는 차 안이라 안아줄 수도 없고 아이들은 찬양을 메들리로 부르며 시온이 달래기에 여념이 없었다. 문득 암송을 해줘야겠다는 생각이 들어 태에서부터 들려주었던 말씀을 순서대로 암송하기 시작했다. 아이들도 덩달아 함께 입 맞춰 암송을 했는데 어느새 시온이가 고요하게 잠들어 있었다.

"엄마, 시온이 잠들었어요. 우리가 암송해줘서 마음이 평안해졌나 봐요."

아이들은 시온이를 보며 행복해했다. 불편하고 낯선 자리가 불안했던 아이에게 말씀의 평안함으로 인도해주심이 감사했다. 그 어떤 약보다 효과가 빠른 구약과 신약으로 인해 은혜를 누리는 하루였다. 명약보다 뛰어난 말씀의 능력을 맛보는 시간이었다.

주의 법을 사랑하는 자에게는 큰 평안이 있으니 그들에게 장애물이 없으리이다 시 119:165

여호와의 교훈은 정직하여 마음을 기쁘게 하고 시 19:8

Part 3

말씀과
동행하는 가족

연인의 사랑 고백을 담고 싶은 그 심정으로

살아 계신 하나님의 말씀을 부모인 우리가 먼저 마음에 담을 때,

성령의 인도하심을 받아 자녀를 말씀으로, 진리의 길로 이끌게 될 것이다.

빛이 되시는 예수 그리스도께서 자녀들을 빛의 길로 인도해주실 것이다.

chapter 6
은혜로 누리는 말씀

부모의 선행 학습

처음 '엄마'라는 이름을 얻고 시작한 선행 학습은 양육 서적을 닥치는 대로 읽는 것이었다. '부모 교육'과 '자녀 양육'이라는 두 가지 숙제를 안고 궁금한 것이 생길 때마다 방법과 해답을 찾기 위해 열심히 독학했다. 성경적인 부모가 되어 성경적으로 자녀를 양육하기 위해 몸부림치는 시간들이 때로는 힘겹게 느껴질 때도 있었다. 그냥 평범하고 적당하게 살아가도 좋으련만, 애써 배우며 사서 고생하고 있는 내 모습을 자책하기도 했다.

하지만 시험 문제를 풀 듯 하나씩 정답을 알아갈 때마다 선명하게 떠오르는 해답은 오직 '말씀'과 '실천'뿐이었다. 그래서 이 별난

선행 학습을 포기할 수가 없었다.

최고의 양육서가 성경 말씀인 것을 깨닫고 제일 처음 실천한 일은 바로 내 마음에 말씀을 새기는 것이었다. 암송을 통해 내가 변했고, 그로 인해 아이가 달라졌으며, 무엇보다 가정에 큰 변화가 일어났다. 살아 계신 말씀의 은혜와 능력을 경험하는 시간이었다.

아이를 지혜롭게 잘 가르치기 위해 여름성경학교 교사강습회를 찾아다니며 참석하기도 했다. 아이들의 성경 과외 선생님 자격으로 해마다 며칠 동안의 일정을 소화하며 몇 년을 그렇게 배우러 다녔다. 아마도 교사 직분이 아닌 엄마로서 참석한 사람은 나 밖에 없었을 것이다. 배우고 익힌 대로 아이들에게 가르치며 나도 모르게 성경적인 지식을 쌓아가고 있는 것도 감사했다.

천방지축이던 첫째 조이를 변화시키기 위해 찾았던 암송학교는 엄마를 훈련시키는 곳이었다. 말씀과 기도의 수술대에 가장 먼저 엄마인 내가 올라야 했다. 그곳에서 성령의 검을 통해 불필요한 것들이 제거되었고, 말씀의 은혜와 능력이 담긴 영양 주사를 통해 더욱 영적으로 강건하게 일어날 수 있었다.

사랑하는 사람의 말이나 글은 마음속 깊이 담아두고 싶어진다. 나 역시 남편과 연애할 때 주고받은 사랑의 문자메시지가 지워지는 게 아까워 일기장에 그대로 옮겨 적기도 했다. 가끔 꺼내 읽어보면 부끄러워 얼굴이 화끈거리기도 하지만 그때의 연애 감정들이 떠올라 이내 행복해진다.

그런데 하나님을 사랑한다고 고백하면서 그분의 말씀을 한 절이라도 마음에 새겨두지 않고 있다면, 어찌 그 고백이 진실이라고 할 수 있을까. 하나님께서는 성경 가운데 우리를 향한 놀라운 사랑과 언약을 증거하신다. 또 성경은 우리가 볼 수 있는 유일한 하나님이며 말씀 가운데 하나님께서 모든 것을 말씀해주신다. 하나님과 말씀을 사랑함으로 머리와 마음에 말씀을 가득 채울 때 성령의 역사하심과 그분의 축복이 고스란히 삶에 녹아질 것이다.

연인의 사랑 고백을 담고 싶은 그 심정으로 살아 계신 하나님의 말씀을 부모인 우리가 먼저 마음에 담을 때, 성령의 인도하심을 받아 자녀를 말씀으로, 진리의 길로 이끌게 될 것이다. 빛이 되시는 예수 그리스도께서 자녀들을 빛의 길로 인도해주실 것이다.

1. 부모가 먼저 말씀을 사모하라

여호와의 인자하심과 인생에게 행하신 기적으로 말미암아 그를 찬송할지로다 그가 사모하는 영혼에게 만족을 주시며 주린 영혼에게 좋은 것으로 채워주심이로다 시 107:8,9

'능력이 있는 사람은 노력하는 사람을 이길 수 없고 노력하는 사람은 즐기는 사람을 이길 수 없다'라는 말이 있다. 즐기는 사람은 어떤 일을 하든 그 일을 좋아하고 사모하는 마음이 있기에 즐길 줄 안다. 말씀을 마음에 새기고 가까이하는 삶도 마찬가지이다. 암기력이 떨어진다고 혹은 말씀에 대한 지혜와 지식이 없다 할지라도 사모하는 마음만 있으면 된다.

하나님은 사모하는 영혼에게 만족을 주시며 좋은 것으로 채워주시는 분이다. 그렇기에 말씀을 사모하는 마음 하나만으로 충분히 말씀의 귀한 은혜를 누릴 수 있다. 사모하는 마음과 지혜를 부어주시길 기도할 때 꾸짖지 아니하시고 후히 주시는 여호와의 인자하심이 우리를 놀라운 말씀의 기적으로 인도해주실 것이며, 어느덧 감사와 찬송의 자리에서 주님을 높이게 될 것이다. 주의 교훈과 훈계로 양육하기를 원한다면 말씀을 사모하며 늘 동행하는 부모가 되어야 한다.

2. 투철한 사명 의식을 가져라

너는 마음을 다하고 뜻을 다하고 힘을 다하여 네 하나님 여호와를 사랑하라 오늘 내가 네게 명하는 이 말씀을 너는 마음에 새기고 네 자녀에게 부지런히 가르치며 신 6:5-7

나는 무엇인가 계획하는 것을 좋아한다. 심혈을 기울여 계획을 짜지만 늘 작심삼일이다. 이런 내가 사모하는 마음 위에 모든 것을 주님의 사명으로 받아들이자 맡겨주신 일을 은혜로 감당할 수 있게 되었다. 하나님께서는 '여호와를 사랑하고 명하시는 말씀을 내 마음에 먼저 새기라'고 말씀하셨다. 그리고 그다음에 '자녀에게 부지런히 가르치라'고 명령하셨다.

마땅히 행할 길을 아이에게 가르치는 특별하고 투철한 사명 의식을 가질 때 주께서 친히 인도해주시고, 그에 필요한 능력과 성실도 허락하신다. 하나님의 귀한 자녀를 맡겨주신 부모로서의 사명, 청지기로서의 사명, 제사장으로서의 사명을 회복하는 게 무엇보다 중요하다.

3. 집안의 모든 동선을 이용하라

너는 또 그것을 네 손목에 매어 기호를 삼으며 네 미간에 붙여 표로 삼고 또 네 집 문설주와 바깥 문에 기록할지니라 신 6:8,9

우리 집의 인테리어 소품은 모두 '말씀'이다. 걸어다닐 수 있는 모든 공간과 눈이 머물 수 있는 모든 곳에 말씀이 붙어 있다. 현관을 들어서면서부터 거실과 주방 심지어 욕실까지 암송하는 말씀을 붙여두었다. 신명기 말씀의 "네 집 문설주와 바깥 문에 기록할지니라"(6:9)를 준행하기 위한 목적도 있지만 '커닝 종이'라고 해도 과언이 아니다. 설거지를 하면서 말씀을 읊조리다 생각나지 않으면 벽에 붙어 있는 말씀을 보고 다시금 묵상하고, 청소를 하다가도 목욕을 하면서도 말씀과 늘 동행할 수 있도록 곳곳에 말씀을 붙여둔 것이다.

집안의 모든 동선을 따라 말씀을 붙이면 '말씀의 생활화'에 큰 도움을 받을 수 있다. 요즘은 스마트폰에서 성경을 빠르게 찾아볼 수 있지만 예전에는 아이들이 갑자기 말씀을 물을 때 질문에 대응하기 위해 작은 노트를 만들어 가지고 다니기도 했다.

가능한 한 모든 지혜를 구하자. 그러면 말씀과 동행하는 삶을 통해 말씀이 육신이 되어 우리 가운데에 거하시고 우리가 그분의 영광을 보며 은혜와 진리로 충만하게 될 줄 믿는다.

4. 때와 장소, 수단과 방법을 가리지 말라

네 자녀에게 부지런히 가르치며 집에 앉았을 때에든지 길을 갈 때에든지 누워 있을 때에든지 일어날 때에든지 이 말씀을 강론할 것이며 신 6:7

구하라 그리하면 너희에게 주실 것이요 찾으라 그리하면 찾아낼 것이요 문을 두드리라 그리하면 너희에게 열릴 것이니 구하는 이마다 받을 것이요 찾는 이는 찾아낼 것이요 두드리는 이에게는 열릴 것이니라 마 7:7,8

남편은 항상 운전할 때나 잠들기 전에 말씀을 되새긴다. 손때가 묻어 너덜너덜해진 암송책이 증명하듯 어디를 가든 자투리 시간이 생기면 암송책을 꺼내 암송하는 남편을 본다. 차에서도 조이와 함께 번갈아 암송하기도 하고 늘 말씀 앞에 겸손하게 자신을 조명하는 모습을 보면 존경스럽다.

나 역시 아이들과 함께하는 시간 속에서 말씀과 늘 동행하고 있는 것이 감사할 때가 많다. 아이들에게 말씀을 심고 먹이며 가르치지만 그와 더불어 나도 은혜의 삶을 누리고 있기에 감사할 수밖에 없다. 말씀암송은 언제 어디서나 제약이 없다. 집에 앉았을 때든지 길을 갈 때든지 누워 있을 때든지 일어날 때든지 말씀을 가까이하는 습관이 있어야 한다. 모든 수단과 방법을 동원하고 또 하나님께 지혜를 구하며 말씀의 생활화를 위해서 애쓸 때 가장 적합한 방법으로 인도해주시는 주님을 만나게 될 것이다.

여호와를 찬양하라

우리 가정이 아침에 일어나면 제일 먼저 하는 일이 있다. 시편을 암송하는 일이다. 우리는 주님께 찬양 드리기 위해 지음 받았기 때문에 아침에 일어나서 하는 첫 고백이 주님을 높이는 일이 되도록 하려고 했다. 많은 말씀 중에서 주님을 높이며 찬양하는 말씀이 시편이어서 아이들이 암송하고 있는 시편 말씀 중 한 편을 다같이 암송하는 것으로 하루를 시작했다.

온 땅이여 여호와께 즐거운 찬송을 부를지어다 기쁨으로 여호와를 섬기며 노래하면서 그의 앞에 나아갈지어다 여호와가 우리 하나님이신 줄 너희는 알지어다 그는 우리를 지으신 이요 우리는 그의 것이니 그의 백성이요 그의 기르시는 양이로다 감사함으로 그의 문에 들어가며 찬송함으로 그의 궁정에 들어가서 그에게 감사하며 그의 이름을 송축할지어다 여호와는 선하시니 그의 인자하심이 영원하고 그의 성실하심이 대대에 이르리로다 시 100:1-5

교회로 향하는 길에도 가족 모두 꼭 시편을 암송한다. 새벽예배든 수요예배든 주일예배든 교회에 가는 길이라면 다함께 시편을 읊조리는 것이 우리 가정의 문화가 되었다. 둘째 온유가 네 살이던 무렵, 시편 찬양에 동참시키기 위해 열심히 시편 100편을 들려주고 따라하게 했다. 그랬더니 그 조그만 입으로 "온 땅이여 여호와께 즐거운 찬송을 부를지어다"라고 말하는 게 아닌가! 나는 아이가 정말 사랑스러워서 엄지손가락을 올리고 박수를 치며 칭찬 세례를 퍼부었다.

"우와~, 온유 진짜 잘한다, 정말 잘한다."

"엄마, 근데 왜 엄지손가락을 올리고 박수를 쳐요?"

엄지손가락을 세운 채 박수를 치는 내 모습이 신기했는지 온유가 내게 물었다.

"온유가 암송을 정말 잘해서 엄마가 기뻐서 그래."

온유는 그 칭찬이 즐거웠는지 시편 말씀을 또 한 번 큰 소리로 암송했다.

"온 땅이여 여호와께 즐거운 찬송을 부를지어다. 엄마, '우와 잘한다' 해야지요."

심지어는 칭찬을 유도하기까지 했다.

"우와, 우리 온유 진짜 잘한다!"

한껏 과장된 몸짓과 억양으로 듬뿍 칭찬을 해줬다. 그렇게 우리는 온유의 시편 100편 1절 말씀암송을 무한 반복하여 들으며 교회에 도착했다. 이제는 넷째 시온이(15개월)도 '따따따따' 하며 시편 암송에 동참하고 있다.

하루를 시작하는 아침이나 교회로 향하는 길에 마음을 힘들게 하거나 상하게 하는 일들이 일어날 때가 많다. 사탄은 끊임없이 생명의 근원인 우리의 마음을 공격함으로 기쁨과 감사의 마음을 불평과 불만으로 돌려놓아 은혜를 받고 주님의 사랑으로 넘쳐야 할 마음을 강퍅하게 만든다. 하나님께 나아가는 마음을 어렵게 만든다.

'기쁨과 감사를 선택할 것인가, 불평과 불만을 선택할 것인가'의 기로에 놓여 있을 때는 그것이 어떠한 이유이든지 의지를 동원해서라도 그때마다 하나님을 높여 반드시 승리해야 한다. 시편 말씀을 선포하면 딱딱했던 마음이 이내 주님께서 주시는 기쁨으로 넘치게 되는 것을 여러 번 경험한다. 주님을 송축하며 감사하고 찬송할 때

인자하심이 영원하시고 성실하심이 대대에 이르게 하시는 여호와께서 우리의 하나님이심을 알게 된다.

행복한 식탁

나는 아이들과 밥을 먹기 전에 꼭 외치는 말씀이 있다.

그런즉 너희가 먹든지 마시든지 무엇을 하든지 다 하나님의 영광을 위하여 하라 고전 10:31

아이들이 많다 보니 반찬 때문에 서로 다툴 때가 있다. 누구랄 것도 없이 좋아하는 반찬이 나오면 자기의 밥그릇에 재빠르게 옮겨놓거나 더 많이 먹으려고 입 안 가득 물고 있다. 나는 서로 배려하지 못하고 양보하지 않는 아이들의 모습을 보면서 인간의 죄성과 탐욕은 어린아이들도 피해갈 수 없는 길임을 실감했다. 아이들이 많은 집이라면 흔히 일어날 수 있는 일이지만 화평의 일과 서로 덕을 세우는 일에 힘써 하나님을 기쁘게 하고 형제로 거리끼게 하는 일이 없도록, 우리의 모습에 하나님이 보이고 영광을 위해 살아야 함을 아이들에게 알려줘야 한다.

그래서 우리 가족은 축복과 감사의 식사 기도가 끝나면 다함께 고린도전서 10장 31절 말씀을 암송한다. 이 말씀이 먹고 마시는 것에 국한된 말씀은 아니지만 우리의 모든 삶 구석구석에 하나님의 영광이 드러나길 소망하며 선포하고 있다. 일용할 양식을 주신 하나님께 감사와 수고한 농부에 전하는 축복과 더불어 먹지 못해 굶주리고 있는 북한과 아프리카의 영혼들을 위해서 기도하는 일도 빠트리지 않고 있다.

식사 기도와 암송이 끝나면 어른들이 수저를 들기 전까지 기다리는 것 또한 아이들이 지켜야 할 절차이다. 어른들을 공경하는 모습은 식사 시간에도 이어지기에 아무리 배가 고파도, 맛있는 음식이 있어도 항상 어른이 먼저인 것을 아이들이 알고 기다리는 훈련을 해야 한다. 매 끼니마다 풍성하게 먹을 수 있는 게 큰 은혜이고 감사한 일이다.

"하나님, 감사합니다. 우리가 밥 먹을 때 은혜를 베풀어주소서. 하나님의 나라가 세워질 때 복음으로 세워지게 해주시고 밥 먹는 것과 같이 말씀을 먹게 해주세요. 예수님의 이름으로 기도드렸습니다. 아멘."

예전의 내 일기를 들춰 보며 조이가 일곱 살 때 했던 식사 기도를 읽고 감동한 적이 있다. 육을 위해 매일 먹는 양식이지만 육과 더불어 영도 함께 성장하기 위해 말씀을 먹고 기도하며 영육이 균형 있게 자랄 수 있도록 해야 한다. 영과 육 모두 무엇을 하든지 하나님의 영광을 위해 살아가는 것을 잊어서는 안 된다.

예수께서 대답하여 이르시되 기록되었으되 사람이 떡으로만 살 것이 아니요 하나님의 입으로부터 나오는 모든 말씀으로 살 것이라 하였느니라 하시니 마 4:4

세 형제의 기도, 세 자매의 찬양

매일 밤마다 세 형제는 기도로 뭉친다. 세 형제는 남편과 조이와 온유이다. 남편은 아이들이 잠들기 전에 책을 읽어주고 축복 기도를 한 후 암송 CD를 틀어주었다. 그런데 아이들이 쉽사리 잠들지 못하고 장난만 치자 남편은 기도 처방을 내렸다.

"어차피 안 자는 거 아빠랑 같이 기도하자."

세 형제가 기도로 뭉치게 된 배경이다. 남편이 책을 읽어주고 잠잘 준비가 끝나면 세 형제는 함께 무릎을 꿇었다. 안방에서 셋째 사랑이를 재우며 그 기도의 소리를 듣고 있노라면 감사와 함께 행복이 밀려왔다.

사랑이가 자라면 자매들의 기도 시간도 만들어야겠다고 생각했는데 어느덧 넷째까지 태어나 자연스럽게 자매들만의 시간이 마련되었다. 넷째 시온이를 재우기 위해 젖을 물리고 누우면 사랑이가 찬송가 〈예수 사랑하심은〉을 불러달라고 한다. 아이들에게 암송을 들려주고 마지막에는 항상 이 찬양을 들려주며 재웠다. 사랑이에게도 이 찬양은 자장가가 되었다. 암송할 말씀을 듣고 몇 소절을 따라 하고 나면 엄마와 함께 찬양을 부르거나 듣다가 꿈나라로 간다.

세 자매의 찬양과 암송 시간은 짧고 굵지만 세 형제님의 기도 시간은 달랐다. 처음에는 짧았던 이 시간이 날이 갈수록 뜨거워졌다. 제일 먼저 하나님께 감사의 기도를 드린다. 하루 동안 감사했던 일들을 나누며 다섯 가지 이상 감사의 고백을 드린다. 조이와 온유도 '이래서 감사해요, 저래서 감사해요' 하며 작은 입술로 종알거리며 기도하는 모습이 사랑스럽다. 하나님께서도 감사의 고백들을 기쁘게 흠향하실 것 같다. 그러고는 회개의 시간을 갖는다. 하루 동안 하나님 앞에 고백해야 할 죄악이 있다면 용서해주시기를 기도하는 것이다. 그 기도 소리를 들어보면 조이와 온유가 어떤 잘못을 했는지를 알 수 있다. 순수하게 "하나님 잘못했어요, 용서해주세요"라고 고백하는 아이들의 입술이 참 귀하다는 생각이 든다.

그리고 마지막으로 성령님께 기도 제목을 간구한다. 우리가 함께 중보해야 할 기도 제목을 주시기를 기다리며 하나님 앞에 잠잠히 머무른다. 그런데 가만히 들어보면 지극히 주관적인 때도 있지만 어떤 날은 두 형제가 하나님께서 기도 제목을 주셨다고 앞다투어 이야기하려고 하기도 한다. 서로에게 주신 기도 제목들을 나누고 함께 통성으로 기도하는 것으로 세 형제의 기도 시간은 마무리된다. 그리고 남편의 축복 기도를 받은 후에 두 형제는 꿈나라로 가고 남편은 기도의 골방으로 들어간다.

하나님께 감사할 줄 알고 모든 죄악을 빛 가운데에 드러내고 용서함을 받으며 또 민족과 열방을 품고 동역자와 가족들을 위해 중보할 수 있는 사람으로 훈련되어 가는 조이와 온유가 하나님께 쓰임 받는 아이들이 되기를 소망한다. 어릴 때부터 쌓인 이 기도 시간이 아이들의 인생에 큰 힘이 될 것으로 믿는다. 주님께서 이 시간을 축복해주시고 더욱더 성령충만한 시간으로 인도해주시기를 간구한다.

정직하고 성실한 303비전 꿈나무 장학생

조이의 장학생 지속 점검과 온유의 장학생 점검을 받으러 암송학교에 다녀왔다. 암송의 특별한 은사가 있는 아이들이 아니기에 그저 매일 조금씩 꾸준하게 암송을 해왔다. 평소에 엄마 앞에서 암송할 때와 다르게 조금은 긴장한 조이였지만 로마서 8장 전장을 막힘없이 암송하며 평소의 실력을 열심히 발휘했다. 303비전 꿈나무의 서열을 이야기하면서 자존심 대결로 티격태격했던 두 형제인지라 계속해서 장학금을 받게 될 조이는 나름대로 어깨에 힘이 잔뜩 들어간 모습이었다.

한편 온유는 염려가 되었다. 평소 암송할 때도 조이와 달리 자유분방한 모습 때문에 혹여나 암송학교 교장 선생님이신 여운학 장로님 앞에서도 그럴까 봐 점검을 받기 며칠 전부터 자세 교정과 정신

교육을 몇 차례씩 시켜서 왔다. 하지만 안에서 새는 바가지가 밖에서 안 새겠는가, 자기 차례를 기다리며 앉아 있는 모습부터 가관이었다. 장로님 다리에 자기 다리 하나를 '척~' 걸친 폼이 친구가 따로 없었다.

여느 아이들은 장로님 앞에서 긴장한 모습이 역력한데 태속에 있을 때부터 예쁨을 받았던 걸 아는지 장로님 앞에서 영락없이 개구쟁이 짓을 하며 적당한 애교로 무마하려는 모습을 보였다. 제일 자신 있는 것부터 해보라고 했더니 씩씩하게 시편 1편을 암송했다. 그다음부터가 문제였다. 장로님께서 요구하시는 말씀을 암송하라 했더니 "아~, 그거 엄청 긴 건데…. 다른 거 하면 안 될까요?"라고 절망의 절규를 하며 버티다가 암송을 하는가 하면, "제가 원하는 거 하면 안 될까요?"라며 장로님과 협상을 하려고 했다. 게다가 평소에 잘 알던 말씀인데도 "엄마, 그다음에 뭐죠?" 하며 나를 무척이나 당황시켰다.

먼저 암송 점검을 끝내고 뒤에서 듣고 있던 조이가 온유를 격려했다.

"온유야, 잘 몰라도 최선을 다해서 하는 게 중요한 거야. 자꾸 그러지 말고 최선을 다해!"

형의 격려에도 온유는 아랑곳하지 않았다. 겨우 암송을 끝내고 울며 겨자 먹기로 장학생 타이틀을 받기는 했지만 전혀 기쁘지가 않았다. 온유는 자기도 이제 303비전 꿈나무 장학생이 되었다며 누구보다 뿌듯해하고 좋아했지만 나는 장로님께 얼마나 죄송한지 쥐구멍이라도 있으면 들어가고 싶었다.

우여곡절 끝에 암송 점검을 받고 돌아와 남편에게 암송학교에서 있었던 일을 나누면서 온유의 장학생 선발을 유보하기로 결정했다. 온유가 장학생이 되는 것이 정말 기쁘고 대견한 일이지만 아무리 생각해도 아이에게 덕이 되지 않을 것 같았다. 여느 아이들처럼 철저하게 점검받지 않고 자기가 하고 싶은 대로 되어버리면 앞으로도 계속 그렇게 될 거라고 생각할 수 있기 때문이다. 온유에게 옳고 그른 게 무엇인지 정확하게 알려줄 필요가 있었다. 그래서 온유에게 장학생을 유보해야겠다고 말했더니 대성통곡을 했다.

"안 돼, 나 장학생 될 거란 말이야. 으앙~~~."

"온유야, 진정한 303비전 꿈나무 장학생이 되려면 철저하게 다시 암송하고 점검도 정확하게 다시 받아야 해. 다음에 멋있게 도전하자, 우리."

온유도 자기가 한 일이 있어 그런지 내 말에 빨리 수긍을 했고, 열심히 해서 다음에 멋지게 303비전 꿈나무 장학생이 되기로 약속했다. 정직하고 성실하게 말씀대로 행하고 의의 나라를 세워가는 303비전 꿈나무라고 찬양하면서 삶이 그렇지 않으면 무슨 열매가 있겠는가! 암송의 목적이 퇴색되어서는 안 되고 예수님의 참 제자로 살아가는 303비전 꿈나무가 되기 위해 온유는 처음부터 다시 시작하기로 했다.

그렇게 온유는 이미 받은 장학생을 내려놓고 정직한 장학생이 되기 위해 꼬박 일 년 동안 열심히 훈련했다. 물론 부족한 부분들도 있었지만 그때와는 다른 정직하고 씩씩한 모습으로 당당하게 장학생이 되었다. 형과 나란히 장학생이 되었다는 자신감으로 온유는 누구보다 기뻐했다. 정직과 성실은 말씀을 가진 사람이라면 필수적으로 갖춰야 할 덕목이다. 목표를 이루기 위해 정직과 성실을 버린다면 팥죽 한 그릇에 장자권을 팔아먹은 에서와 다를 바가 없다.

chapter 7

말씀으로 하는 성품 훈련

아름다운 성령의 열매

아이들과 함께하는 생활 가운데서 성품 훈련이 이뤄져야 했고 아이들에게 올바른 인성이 자리잡도록 훈련해야 했다.

조이가 네 살이던 무렵, 어린이집을 보내지 않고 하루 종일 아이들과 씨름하며 보내다 보니 나도 모르게 잔소리가 많아졌다.

"책 정리해라. 장난감 정리해라. 이렇게 해라, 저렇게 해라."

나 역시 같은 말을 반복하는 것이 힘들었고 아이들도 똑같은 잔소리를 듣는 게 쉽지 않았을 것이다. 그래서 아이들이 지켜야 할 일들을 아이들의 방과 거실에 붙여두고 읽도록 했다.

🌿 조이와 온유가 지켜야 할 일

1. 책은 읽고 난 뒤 제자리에 꽂아두기
2. 장난감은 항상 있던 곳에 정리해두기
3. 갈아입은 옷은 옷걸이에 잘 걸어두거나 빨래통에 넣기
4. 음식은 한 자리에 앉아서 먹기

✤ 그 주인이 이르되 잘하였도다 착하고 충성된 종아 네가 적은 일에
 충성하였으매 내가 많은 것을 네게 맡기리니 네 주인의 즐거움에
 참여할지어다 하고 마 25:21

네 살, 두 살이던 조이와 온유에게 필요한 훈련이었기에 벽에 붙여두고 가르쳤다.

"조이야, 벽에 붙어 있는 말씀을 크게 따라 읽고 네가 지켜야 할 일은 두 번씩 따라 읽자."

그러고는 그 밑에 적혀 있는 마태복음 25장 21절 말씀을 같이 읽었다. 그러고 나서 "2번, 장난감은 항상 있던 곳에 정리해두기"라고 외치고 장난감을 정리했다. 왜 적은 일에도 성실해야 하는지를 가르쳐주며 직접 행하도록 했더니 "조이야, 1번이다" 하는 것으로 통제가 가능했다. 말씀을 병행한 훈련으로 일상생활 가운데 이루어지는 성품 훈련까지 한 번에 해결됐다.

이렇게 하기까지 남편의 도움이 컸다. 아이들과 함께하는 내 고

충을 알아준 남편의 아이디어였다. 이후 여러 가지 상황에서 그냥 말씀을 읽고 함께 기도할 수 있도록 성품 훈련에 관한 포스터를 만들어 거실에 붙여놓았다. 아이들과 함께 공부했던 어린이용 성품 교재인 〈좋은나무 성품학교〉와 〈삐뚜바로 마음학교〉의 도움을 받아 정의를 적고 성경에서 그에 해당되는 말씀들을 찾아 적어두었다. 예배 시간에 아이들과 읽기도 하고 때에 맞는 상황이 벌어질 때마다 벽에 붙어 있는 말씀으로 자연스럽게 가르칠 수 있었다. 예를 들면 이런 것들이다.

순종 Obedience

하나님이 내 주인이심을 인정하고 하나님의 말씀을 무조건적으로 따르는 것, 나를 책임지고 있는 사람들의 현명한 지시에 즉각적으로 기쁘게 완벽하게 따르는 것.

+ 너희를 인도하는 자들에게 순종하고 복종하라 히 13:17
+ 자녀들아 주 안에서 너희 부모에게 순종하라 이것이 옳으니라
  엡 6:1
+ 너희가 즐겨 순종하면 땅의 아름다운 소산을 먹을 것이요 사 1:19
+ 순종이 제사보다 낫고 듣는 것이 숫양의 기름보다 나으니
  삼상 15:22
+ 자녀들아 모든 일에 부모에게 순종하라 이는 주 안에서 기쁘게 하

는 것이니라 골 3:20

인내 Patience

하나님을 닮아가기 위해 계속 연습하고 하나님의 계획을 기다리
는 것, 좋은 일이 이루어질 때까지 불평 없이 참고 기다리는 것.

+ 너희에게 인내가 필요함은 너희가 하나님의 뜻을 행한 후에 약속
  하신 것을 받기 위함이라 히 10:36
+ 인내를 온전히 이루라 이는 너희로 온전하고 구비하여 조금도 부
  족함이 없게 하려 함이라 약 1:4
+ 인내는 연단을, 연단은 소망을 이루는 줄 앎이로다 롬 5:4

절제 Self-Control

내가 하고 싶은 대로 하지 않고 꼭 해야 할 일을 하는 것.

+ 하나님이 우리에게 주신 것은 두려워하는 마음이 아니요 오직 능
  력과 사랑과 절제하는 마음이니 딤후 1:7
+ 지식에 절제를, 절제에 인내를, 인내에 경건을 벧후 1:6
+ 이기기를 다투는 자마다 모든 일에 절제하나니 그들은 썩을 승리
  자의 관을 얻고자 하되 우리는 썩지 아니할 것을 얻고자 하노라
  고전 9:25

🖋 정직Honesty

우리를 지켜보시는 하나님 앞에서 하나님이 가르쳐주신 방법대로 생각하고 말하고 생활하려고 애쓰는 마음, 어떤 상황에서도 생각과 말과 행동을 거짓 없이 바르게 표현하여 신뢰를 얻는 것.

- ✦ 그런즉 거짓을 버리고 각각 그 이웃과 더불어 참된 것을 말하라 이는 우리가 서로 지체가 됨이라 엡 4:25
- ✦ 만일 네 입술이 정직을 말하면 내 속이 유쾌하리라 잠 23:16
- ✦ 너희는 들을지어다 내가 가장 선한 것을 말하리라 내 입술을 열어 정직을 내리라 내 입은 진리를 말하며 내 입술은 악을 미워하느니라 잠 8:6,7
- ✦ 네 이웃에 대하여 거짓 증거하지 말라 출 20:16
- ✦ 나의 방패는 마음이 정직한 자를 구원하시는 하나님께 있도다 시 7:10

이 외에 열다섯 가지 성품의 내용을 정리해서 붙여두었다. 사실 아이들을 가르치면서 오히려 내가 배운다. 내 인격과 자질과 성품의 부족함을 잘 알기에 나 역시 주님 앞에 배워야 하는 학생으로 서야 했다. 가르치는 사람의 인격이 온전하지 않으면서 배우는 학생에게 바른 성품을 기대할 수는 없는 노릇이었다. 날마다 말씀 앞에 나를 조명하며 먼저 회개하고 아이들에게 용서를 구한 후에야 말씀

안에 있는 바르고 좋은 성품을 가르칠 수 있었다.

우리는 나와 자녀들을 친히 이끄시고 가르치시는 예수님의 성품을 닮아야 한다. 부모도 사람이기에 완전할 수 없고 부족하고 나약한 모습을 보일 수밖에 없다. 하지만 하나님의 성품에 참예하며 나아갈 때 말씀에서 보여주시는 아름다운 하나님의 성품이 가정 가운데에 넘쳐 우리가 아름다운 성령의 열매를 맺게 되는 줄로 믿는다.

오직 성령의 열매는 사랑과 희락과 화평과 오래 참음과 자비와 양선과 충성과 온유와 절제니 이 같은 것을 금지할 법이 없느니라 갈 5:22,23

방목의 은혜

조이가 네 살 무렵 우리는 홈스쿨링(학교 대신 집에서 부모에게 교육을 받는 재택 교육)을 결정했다. 오랫동안 기도하면서 거룩한 부담을 안고 하나님의 뜻이 어디에 있는지 찾았다. 사실 솔직하게 말하면 피하고 싶고 순종하고 싶지 않은 많은 생각과 계획 앞에서 핑계를 찾다 더 이상 피할 수 없는 시점에서 모든 것을 내려놓고 하나님께 '예스'로 대답한 것이다. 물론 그 이전부터 세상의 배움 이전에 하나님으로 가득 채우고자 하는 바람으로 아이에게 말씀을 심고 가르치며 성경적인 자녀 양육을 해왔지만 홈스쿨링을 결단하기까지가 참 힘들었다.

그런 내게 하나님은 그 어떤 것보다 여호와를 경외하는 것이 지혜의 근본이 되는 것임을 명확하게 말씀해주셨다. 또 둘째를 낳고 첫째 조이를 어린이집에 맡기는 것으로 편한 생활을 즐기려 했던 내 모습을 돌아보게 하셨다. 어린이집 대신 선교원에 보낸다는 이유로 안도감에 사로잡혀 살아왔던 내 마음을 돌아보게 하셨다.

또한 무엇보다 말씀을 통해 아이들을 영적으로 훈련시킬 모든 책임이 내게 있음을 알게 해주셨다. 그것이 암송과 말씀 교육뿐만 아니라 생활 속에서 모든 것을 함께하는 성경적인 전인 교육(全人敎育)이 필요한 것임을 깨닫게 하셨다.

그리스도의 말씀이 너희 속에 풍성히 거하여 모든 지혜로 피차 가르치며 권면하고 시와 찬송과 신령한 노래를 부르며 감사하는 마음으로 하나님을 찬양하고 골 3:16

나는 홈스쿨링을 결정하기에 앞서 자녀의 마음을 이해하고 훈계하는 방식 등을 다룬 책들을 다시 읽었다. 또 부모가 갖춰야 할 자질과 훈련되고 준비되어야 할 부분들을 보여주심으로 홈스쿨링 준비의 마지막 단계에 이르러서는 기도로 준비시키셨다. 홈스쿨링에 대한 내 부담을 내려놓고 하기로 결정하니 마음이 후련했다. 일단 조이가 학교에 입학하기 전까지 진행할 것을 목표로 삼고 시작했다. 그러나 늘 그렇듯 주님의 생각은 내 생각과 달랐고 하나님의 은혜로 지금까지 이어오고 있다.

홈스쿨링을 결단하고는 관련 도서를 읽고 세미나에 참석하며 열심히 준비했다. 그런데 준비하면서 느낀 것은 많은 정보와 방법론이 문제가 아니었다. 결국 나만 준비되면 되는 것이었다. 아이들을 포용하고, 수용하고, 인내하고, 온종일 아이들과 함께하며 맞아야 할 여러 상황 속에서 담대하게 말씀과 기도로 이겨내야 함을 알게 해주셨다.

내 결정을 적극 찬성하며 환영해준 사람은 역시 남편이었다. 그동안 아이들의 선생님을 두고 꾸준히 기도해온 결과에 대해 만족해하는 모습이었다. 남편의 응원에 힘입어 아이들을 방목하기로 결정했다. 방목의 사전적 의미는 '가축을 초지에 놓아기르는 일'이다. 방목을 한 가축은 자기가 좋아하는 풀을 골라 먹고 충분한 휴식과 운동을 할 수 있으므로 신진대사가 왕성해져 발육이 잘되고 생산성이 향상된다고 한다. 나는 시편 23편에 나와 있는 대로 아이들이 푸른 초장과 쉴 만한 물가가 있는 그곳에서 맘껏 뛰어놀며 자라길 바라는 마음으로 '말씀의 방목'을 결정했다.

영혼을 소생시키시고 의의 길로 인도해주시는 목자를 따라 아이들이 신선한 말씀을 먹고 영육의 신진대사가 왕성하여 발육이 골고루 되기를 소망하며 지팡이와 막대기로 안위해주시는 목자의 음성을 듣기를 원했다. 평생에 선하심과 인자하심이 반드시 따르는 여호와의 집에 영원히 거하는 복을 누리길 바라기에 말씀의 초장 위에 아이들을 풀어놓았다.

아브라함을 믿음의 조상으로 세우시고 교육자로 삼으셨던 것처럼 아이들에게 하나님의 뜻을 제대로 교육하고 그분을 섬기는 도리를 가르치는 일을 내게 맡기시려고 나를 선택해주신 주님의 놀라운 섭리와 은혜에 감사했다.

홈스쿨링을 고민하며 읽었던 책이 있다. 레이 볼만의 《홈스쿨링》이다. 이 책을 통해 홈스쿨링에 대한 확고한 신념을 가질 수 있었다. 저자의 개인 교수법에 대한 이야기는 홈스쿨링을 결정하게 한 결정적인 응답이었다. 개인 교수법은 가정과 교회와 사회를 더욱 성숙하게 하고, 그 속에서 사는 사람들의 성품을 더욱 경건하게 만든다.

성경에 등장하는 성경 위인들은 모두 개인 교수법을 통해 훈련받았다. 모세는 여호수아를, 나오미는 룻을, 엘리야는 엘리사를, 엘리사벳은 마리아를, 예수님은 제자들을, 바나바는 바울을, 바울은 디모데를, 브리스길라와 아굴라는 아볼로를 개인적으로 지도했다. 개인 교수법의 목표는 규율을 강조하며, 모든 생활 영역에서 제자로서 예수 그리스도를 위한 잠재력을 극대화시키고 발달시켜 나가는 데 있다고 한다. 이 교수법으로 귀감과 본을 보이며 가르칠 수 있는 적격자는 부모밖에 없을 것이다.

예수님은 열두 제자를 가르치는데 중점을 두심으로 마침내 대중까지도 구원받게 하셨고 자신이 세상에 있지 않더라도 자신의 일을 능히 수행할 수 있는 헌신적인 인물들을 전략적으로 훈련하셨다. 그렇기에 엄마와 아이들이 스승과 제자의 관계를 근간으로 일대일 개인 교수법과 제자 훈련을 하는 것은 그리스도께서 보이신 본을 따라야 할 마땅한 것이라 생각했다. 그래서 가정과 교회와 사회를 견고히 하는 최상의 검증된 교수법인 홈스쿨링을 선택하게 되었다. 나는 말씀의 초장 위에서 내 자녀의 자녀들까지 대를 이어 믿음과 신앙과 말씀의 유업을 흘려보내길 소망한다.

여호와께서 증거를 야곱에게 세우시며 법도를 이스라엘에게 정하시고 우리 조상들에게 명령하사 그들의 자손에게 알리라 하셨으니 이는 그들로 후대 곧 태어날 자손에게 이를 알게 하고 그들은 일어나 그들의 자손에게 일러서 시 78:5,6

조이의 생애 첫 전도

전도는 늘 마음에 거룩한 부담으로 자리잡고 있지만 마음처럼 쉽지 않다. 그런데 그 길을 하나님께서 열어주셨다. 2009년 8월 2일 주일, 조이는 생애 첫 전도를 했다. 당시 우리 집 아래층에 이사 온 예쁜 여자아이였다. 이사 오던 날, 이삿짐에 어린아이의 물건이 있어 조이나 온유 또래가 있을 거라고 예상했지만 왕래가 없어 누구인지는 잘 몰랐다. 그러다 집 앞에서 자주 마주치고 조이와도 잠깐씩 마당에서 놀면서 안면을 트기 시작했다. 여자아이의 이름은 민주였다. 주일에 교회를 가기 위해 나서는데 민주 엄마가 인사를 했다.

"교회에 가시나 봐요?"

"네."

민주 엄마의 인사에 왠지 전도하고 싶은 강한 끌림이 느껴졌다. 다음에 기회가 있으면 꼭 이야기해야겠다고 생각하고는 돌아섰다. 교회에 가면서 조이에게 말했다.

"조이야, 민주도 조이랑 같이 교회가 가면 좋겠다, 그치?"

"민주는 교회에 안 다녀요? 예수님을 몰라요?"

"응, 그러니까 다음에 조이가 민주를 만나면 얘기해줘. 같이 교회에 가자고."

"네."

그전엔 뛰어다니며 잠깐씩 노는 게 다였는데 어느 날 마당에서 마주친 조이와 민주가 제법 많은 대화를 주고받았다.

"너 이름이 뭐야?"

"나? 김민주."

"그래? 난 조이야, 이조이. 얘는 이온유야, 내 동생."

"민주야, 너 나랑 교회 같이 갈래?"

"그래."

그리고 며칠 뒤에 위층 아주머니로부터 우연히 민주네 가정사를 듣게 되었다. 결혼하고 얼마 후 가깝게 지내던 시누이가 간암으로 몸져누워 민주 엄마가 간병을 했지만 얼마 지나지 않아 운명하셨다고 한다. 또 시어머님이 위암으로 병원생활을 하셔서 간병을 도맡아 했지만 온몸에 전이가 되어 별세하셨고, 얼마 후에는 남편마저 간암으로 세상을 떠났다고 한다. 3년 사이에 병간호만 하다 세 사람을 먼저 하늘나라로 보내야 했고, 혼자서 민주를 키우고 있었다. 시댁 식구들이 남긴 빚과 병원비가 고스란히 민주 엄마의 몫이 되었고, 어렵게 지내다 우리 집의 아래층으로 이사 오게 되었다는 안타까운 사연이었다.

이야기를 전해 듣는 내내 내 머릿속에는 민주 엄마가 하나님을 꼭 만났으면 좋겠다는 생각이 떠나질 않았다. 그때 물어봤던 '교회 가시나 봐요'가 '교회 가고 싶어요'라고 이야기하는 것처럼 내 귓가에 계속 맴돌았다. 무슨 일이 있어도 꼭 전도해야겠다는 마음이 들었고, 하나님께서 주신 기회라는 생각이 들었다.

드디어 민주 엄마와 잠깐 이야기를 나눌 기회가 생겼다. 약간의 이야기를 나누고 민주 엄마에게 조심스럽게 물었다.

"민주를 교회에 데려가도 괜찮을까요?"

"네, 그러세요."

민주 엄마는 아주 흔쾌히 허락해주었다. 우리는 주일이 오기만을 손꼽아 기다렸다. 특히 조이는 민주랑 교회에 함께 가게 된 것을 무척이나 기뻐했다. 나는 민주가 교회에 처음 가는 거니까 친절하게 잘 가르쳐주어야 한다고 이야기했다. 그러자 조이가 헌금 봉투를 두 개 챙기더니 "엄마, 헌금을 두 개에 넣어주세요. 하나는 내 거, 하나는 민주 거요" 하고 함박웃음을 지었다.

기다리고 기다리던 주일이 되어 민주를 데리러 아래층으로 내려갔다. 혹시나 같이 교회에 가는 걸 잊어버렸으면 어쩌나 걱정했는데 민주가 기다렸다는 듯이 웃으면서 냉큼 달려 나와주어서 참 감사했다. 그리하여 멋진 두 아들과 예쁜 공주님을 모시고 교회로 향하게 되었다. 조이는 자기가 다니는 영아 4부에 민주를 데려가는게 참 기쁘고 좋았던지 연신 싱글벙글 하며 입을 다물지 못하고 민주의 손을 꼭 잡고 예배실로 들어갔다. 조이는 전도자로, 민주는 새신자로 멋진 왕관을 선물 받고 기쁨의 미소를 보였다.

예배 후에 민주를 집에 초대해서 조이와 함께 놀게 했다. 민주 엄마와도 함께 저녁을 먹으며 이런저런 이야기로 교제를 나누다 함께 교회에 나갈 것을 권면했더니 웃으시며 큰 거부감 없이 받아들였다. 세상에 우연이란 없기에 민주네가 우리 아래층에 오게 된 것도 놀라운 하나님의 섭리와 은혜였음을 알게 되었다.

결국 민주 엄마도 교회에 나오게 되었고 자연스럽게 우리 집에 자주 놀러오게 되었다. 그래서 민주에게도 조이와 함께 복음을 들려줄 수 있었다. 일 년 가까이 그렇게 예배를 함께 드리러 다니다가 민주네가 다른 곳으로 이사를 가면서 헤어지게 되었다. 조이가 전도했던 첫 열매라 그런지 5년이라는 시간이 지난 지금도 그 친구를 떠올리며 기도할 때가 있다.

우리에게 주신 지상명령은 전도의 사명이다. 때를 얻든지 못 얻든지 복음을 전파해야 함이 마땅하기에 부족한 우리 가정을 복음의 도구로 삼아주심이 감사했다. 그리고 조이에게 전도라는 첫 열매를 허락하심도 깊이 감사드렸다.

대중교통 전도

남편이 운전하는 차를 타고 다닐 때는 몰랐는데 대중교통을 이용하면 두 형제가 꼭 하는 행동이 있다. 처음에는 그 행동을 보고 조금 놀랐는데 이제는 당연한 일이 되어버렸다. 택시를 타면 택시기사 아저씨에게, 버스나 지하철을 타면 옆에 앉은 사람에게 하는 행동이다. 시키지 않았는데도 스스럼없이 행동하는 아이들이 신기하고 대견했다.

택시를 타고 가던 중이었다. 나란히 앉아 있던 두 형제가 소곤소곤 이야기를 나누었다.

"아저씨가 예수님을 알까?"

"네가 물어봐."

"형아가 물어봐."

둘이서 한참을 서로 미루다가 나와 눈이 마주치니까 두 형제가 말했다.

"엄마가 한번 물어봐주세요."

"글쎄…."

내가 일부러 모른 척 하고 가만히 있었더니 온유가 용기 있게 먼저 아저씨에게 말을 걸었다.

"아저씨, 예수님 알아요?"

"그럼 알지!"

"그럼 예수님 믿어요? 교회도 다녀요?"

"아저씨는 천주교야."

"천주교가 뭔데요?"

그때부터 천주교가 궁금해진 두 형제는 전도하기는 뒷전이고 천주교에 대해 많은 토론을 나누다 내리게 되었다. 아무런 열매가 없는 전도였지만 나는 그날 아이들을 맘껏 칭찬해주었다.

사실 나도 전도해야겠다는 마음은 굴뚝같지만 입 안에서만 오물거리며 망설이다 그냥 내릴 때가 많았다. 아이들 스스로 전도하려고 했던 마음과 용기 있게 말을 꺼낸 행동에 대해 칭찬에 칭찬을 더했다. 다음에는 꼭 예수님의 복음에 대해서도 이야기하고 예수님을 모르시면 믿으시라고 말씀드리라는 말도 해주었다. 무슨 일이든 처음이 중요하다고 하지 않았던가. 한번 해보고 난 두 형제는 이제는 망설임 없이 적극적으로 전도하기 시작했다.

버스 뒷좌석에 앉은 삼촌뻘 되는 형에게 아예 뒤돌아 앉아서는 "형, 예수님을 알아요?"라고 물어보거나 택시에 타면 기사 아저씨께 "아저씨, 예수님을 아세요?"라고 물어본다. 어느 날, 교회에 가는 길에 택시를 탔는데 타자마자 둘이 번갈아 가면서 예수님을 아냐는 질문을 하더니 예수님을 믿어야 천국에 갈 수 있다며 꼭 교회에 다니셔야 한다는 말을 건넸다. 아저씨도 거부감 없이 받아들이며 대답도 잘해주셨다.

가끔은 상상할 수 없는 두 형제의 돌발적인 행동 때문에 당황스러울 때도 많지만 아이들의 이런 행동은 내 마음을 참 흐뭇하게 한다. 하나님께서도 이 아이들의 모습을 기뻐하시지 않을까 생각하면서 말이다. 아이들의 입술에 주께서 함께 역사하사 그 따르는 표적으로 말씀을 확실히 증언해주실 줄 믿는다.

또 이르시되 너희는 온 천하에 다니며 만민에게 복음을 전파하라

막 16:15

아이들 중심에 영혼 구원에 대한 간절한 마음이 있어 감사하다. 믿지 않는 가족과 친구들과 구원의 소식을 듣지 못하는 열방의 많은 사람들을 놓고 기도하게 하시고 영혼에 대한 사랑의 마음을 부어주시는 것이 은혜이다. 전도는 해도 되고 안 해도 되는 선택 사항이 아니라 우리의 사명이자 하나님의 명령이다. 예수님이 이 땅에 오신 목적과 '온 유대와 사마리아와 땅끝까지 증인이 되라' 하시며 제자 삼으신 목적도 영혼 구원 전도에 있다. 내게, 우리 가정에 구원의 감격과 은혜가 있다면 때를 얻든지 못 얻든지 가족 모두가 복음의 통로가 되어야 한다.

주님 오실 날이 얼마 남지 않았음을 기억하며, 살아 계신 하나님의 말씀과 우리의 인생 가운데 역사하신 능력과 은혜를 증거하고 복음으로 준비된 증인이 되어야 할 것이다.

너는 말씀을 전파하라 때를 얻든지 못 얻든지 항상 힘쓰라 범사에 오래 참음과 가르침으로 경책하며 경계하며 권하라 딤후 4:2

육체의 소욕을 버리다

2009년 10월의 마지막 밤, 잊지 못할 대대적인 사건이 일어났다. 아이들이 정말 좋아하고 사랑하는 '토마스와 친구들'과 '내 친구 뽀로로'는 조이와 온유에게도 무시 못하는 우상의 자리에 있던 캐릭터였다. 특히 기차를 좋아하는 두 아이들에게 기차 모양의 캐릭터인 토마스는 상상 이상의 가치를 지닌 대상이었다.

아이들의 장난감은 거의 대부분 할아버지와 할머니가 사주신 것이다. 우리 부부는 장난감을 거의 사주지 않는다. 남편은 아이들이 장난감을 갖고 노는 것을 지켜보면서 아이들에게 토마스가 우상이 되고 있는 것 같다는 말을 여러 번 했었다. 그래서 며칠 동안 갖고 놀지 못하는 벌을 받기도 했고 우선순위를 제대로 지키지 못할 경우 버리게 될 거라는 경고도 누차 했다.

하지만 나는 그것을 심각하게 생각하지 않았다. 아이들이 좋아하기도 하고 비싼 장난감이니까 실컷 놀아 본전을 뽑아야 한다는 생각으로 별 제재 없이 내버려두었다.

그러다 드디어 역사적인 결단의 날이 왔다. 그동안 인내하면서 지켜보던 남편이 토마스 장난감을 비롯해 뽀로로와 그동안 즐겨보던 DVD를 버릴 것을 명령했다. 토마스와 놀 때는 눈을 반짝이던 조이가 가정예배 시간에 조는 척 하는 모습을 보고 남편이 내린 결정이었다.

남편은 아이들에게 왜 그것들을 버려야 하는지 설명해주었다. 하나님보다 더 사랑하는 것은 우상이 된다는 것과 하나님이 제일 싫어하는 게 우상을 섬기는 거라고 말해주었다. 그것은 죄가 된다는 것을 아이들이 이해할 수 있도록 설명해주니 두 형제들은 즉각 순종하여 장난감을 찾아서 봉투에 담았다.

조이와 온유가 장난감을 하나씩 찾아와서 봉투에 담는 모습을 기도하는 마음으로 보고 있는데 갈라디아서 5장 말씀을 떠오르게 하셨다. 되돌아보면 장난감으로 인한 문제가 참 많았다. 자고 일어나서 바로 찾는 대상이었고, 잘 때도 품고 잘 만큼 하나님보다 더 사랑하는 존재였다. 서로 갖고 놀고자 하는 시기와 다툼을 일

으켰고, 항상 우선순위를 방해하고 흐트러뜨리는 존재였다.

토마스와 뽀로로는 조이와 온유에게 분명 육체의 일이었다. 그것들은 아이들로 하여금 우상을 숭배하게 했고, 원수 맺게 했으며, 분쟁하고 시기하며 분내게 했고, 당 짓고 분열하게 했다. 이런 일을 하는 자들은 하나님나라를 유업으로 받지 못한다고 말씀에 명확하게 쓰여 있다. 육체의 소욕 때문에 성령을 거스르는 행동을 했던 거라고 생각을 하게 되니, 이전에 '괜찮겠지' 하고 대수롭지 않게 넘긴 내 행동에 대해 반성하고 회개하게 되었다. 그것은 적은 누룩이 온 덩이에 퍼지는 것처럼 아이들의 영적인 부분들을 조금씩 갉아먹고 있었던 것이다.

육체의 소욕은 성령을 거스르고 성령은 육체를 거스르나니 이 둘이 서로 대적함으로 너희가 원하는 것을 하지 못하게 하려 함이니라 갈 5:17

겉으로 내색은 하지 않았지만 자신들의 분신 같았던 토마스 장난감을 버려야 하는 두 아이들의 마음이야말로 정말 속상했을 것이다. 다섯 살, 세 살이던 조이와 온유가 받아들이기에 조금은 무리한 처방이었는지도 모르겠다. 하지만 한편으로는 이것이 얼마나 중요한 문제인지 확실하게 깨달았을 것이다.

장난감을 사주셨던 아이들의 할아버지와 할머니께 죄송했지만 버리는 게 아깝지는 않았다. 오히려 남편의 지혜로운 결단이 고마웠다. 갈라디아서 5장 24절에 아이들의 이름을 넣어 '그리스도 예수의 조이와 온유는 육체와 함께 그 정욕과 탐심을 십자가에 못 박았으니라'를 마음속으로 선포하며 성령으로 살아서 성령으로 행할 수 있도록 기도했다.

장난감이 모두 쓰레기통으로 향한 후에 아이들에게 갈라디아서 5장의 말씀을 들려주고 함께 회개하며 성령을 따라 행하는 우리 가정이 되기를 기도했다. 지금도 형제간의 다툼을 조장하는 일들이나 육체의 일에 해당하는 매체가 있다면 가차 없이 제거하려고 한다. 하찮은 것을 하나님나라와 바꿀 수는 없으니 말이다.

육체의 일은 분명하니 곧 음행과 더러운 것과 호색과 우상숭배와 주술과 원수 맺는 것과 분쟁과 시기와 분냄과 당 짓는 것과 분열함과 이단과 투기와 술 취함과 방탕함과 또 그와 같은 것들이라 전에 너희에게 경계한 것같이 경계하노니 이런 일을 하는 자들은 하나님의 나라를 유업으로 받지 못할 것이요 갈 5:19-21

친구들이 안 놀아줘요

주일은 두 형제에게 행복한 날이다. 예배를 드림과 더불어 믿음의 친구들과 신나게 마음껏 놀 수 있는 날이기 때문이다. 주일의 풍경은 대략 이렇다. 함께 1부 예배를 드린 후 내가 봉사를 하는 동안 두 형제는 교회 학교에서 예배를 드린다. 예배가 끝나고 이른 점심을 먹고 나면 성전 뜰 안에서 신나게 뛰어다니며 놀곤 한다.

저녁예배까지 시간이 많이 남을 때는 집에 가서 쉬다 오기도 하고, 교회 도서관에 가기도 한다. 특별한 행사가 있어 교회에 머무르게 될 때는 아이들은 두세 시간 동안 땀을 뻘뻘 흘려가며 온갖 놀이를 하면서 교회에서 시간을 보낸다. 나는 아이들이 친구들과도 잘 어울려 지내는 것 같아 자유롭게 놀도록 신경 쓰지 않는 편이었다. 하루는 책을 읽고 있는 내게 조이가 오더니 말했다.

"엄마, 친구들이 나랑 안 놀아줘요. 자기들끼리만 놀아요."

매주 그렇게 사이좋게 놀던 아이들인데 무슨 일인가 해서 조이랑 함께 가보았다. 저 멀리서 놀고 있는 아이들에게 조이가 소리쳐서 이야기를 했다.

"애들아, 같이 놀자고. 왜 나랑은 안 놀고 너희끼리만 노냐고."

그러자 아이들이 대답했다.

"야, 우리가 너랑 안 논거냐? 네가 우리랑 안 노는 거지."

조이에게 자초지종을 들어봐야 할 것 같았다.

"조이야, 친구들이 안 놀아주는 게 아닌 것 같은데…, 왜 아이들과 안 놀아?"

"포켓몬스터는 하나님이 싫어하시는 거라서 다른 거 하면서 놀자고 했는데 쟤네들은 그것으로만 논다고 하잖아요. 복 있는 사람은 악인들의 길에 서지 아니하고 오만한 자리에 서지 아니하는 거니까 같이 못 노는 거죠."

형의 말에 온유가 한마디 거들었다.

"엄마, 저 형아들은 하나님이 싫어하시는 건지 모르나 봐요."

친구들의 틈에 들어가지 못하고 배회하는 조이가 안쓰럽기는 했지만 한편으로는 참 감사했다. 하나님이 기뻐하시지 않는 일을 알고 자기의 자리를 지킬 수 있다는 게 쉽지는 않았을 것이기 때문이다. 조금 전까지 재미있게 놀던 친구들의 무리에서 한순간에 나오는 것도 쉽지 않은 결정이었을 것이다. 나는 속상해하는 조이에게 하나님이 기뻐하시는 자리에 선 것에 대해 칭찬과 격려를 해주고 엄마랑 신나게 놀자고 제의했다. 아이의 마음은 조금 쓰렸겠지만 엄마의 마음은 기쁨으로 가득했다.

몇 주 후 예배 시간이 다 되어 여느 날과 다름없이 놀고 있는 아이들을 데리러 갔다. 멀리서 무척이나 재미있게 노는 아이들을 보니 건강하게 잘 자라주고 있음에 감사했다. 그런데 가까이 다가갈수록 뭔가 이상한 느낌이 들었다. 아이들이 모두 팔을 앞으로 쭉 뻗고 흔들며 비틀거리며 걷고 있었다. 도대체 무슨 놀이를 하나 싶어 지켜보았더니 좀비 놀이였다. 그런 놀이는 본 적도 들어본 적도 없었다. 조이를 불러 어떻게 된 일인지 물었다. 아이가 매우 난감해하며 말했다.

"형들이 가르쳐준 놀이예요."

아이들을 불러놓고 다음부터 그런 놀이를 하지 말라고 일러두었다. 그런데 그중 한 아이는 학교에서 다 하는 놀이라며 수긍하지 못하고 돌아섰다. 분명 하나님이 기뻐하시지 않는 놀이인 것을 알았음에도 아무런 생각 없이 놀았던 두 형제는 한 달간 쉬는 시간에 노는 것이 금지되었다.

아이들이 하는 것이라고 아무렇지 않게 넘길 수도 있겠지만 모두가 한다고 죽음의 길을 택하지는 않는다. 옳고 그름을 분별할 수 있도록 제대로 가르쳐줄 필요가 있었다. 하나님은 이 세대를 본받지 말라고 하신다. 하나님의 선하시고 기뻐하시고 온전하신 뜻이 무엇인지 분별할 수 있어야 한다. 아이들과 이 말씀을 함께 암송하면서 다시금 마음에 새겼다.

하나님께서 그분의 자녀로 우리를 부르셨을 때는 이미 세상 사람들과 달리 구원의 계획 가운데 구별하여 불러주신 은혜가 있는 것이다. 그런 은혜를 입은 자들이 구별이 없고 분별이 없는 삶을 산다면 예수님이 십자가에서 치르신 고통과 사랑이 헛되어 퇴색되어버릴 것이다.

하나님의 사람으로, 예수님의 참 제자로 살아간다는 게 쉬운 일은 아니다. 좁고 협착한 길이고 외롭고 힘든 고난의 길이라는 것을 아이들이 일찍 깨닫고 경험하고 알아야 한다. 그래야 죄악이 가득한 세상에서 진리의 길에 설 수 있고 복음만을 붙들 수 있기 때문이다.

디지털 시대에 아날로그로 살아가기

아이들이 이면지 여러 장을 길게 붙여 그림을 그렸다. 또 손톱보다도 작게 종이를 오렸다. 무엇을 하고 있는지 봤더니 쿠키런 딱지 상자에 있는 캐릭터를 오리고 있었다. 그것이 어디서 났느냐고 물었더니 친구가 딱지를 사고 버린 상자를 주워왔다고 말했다. '남이 버린 것을 왜 가져왔을까' 하는 생각이 들었지만 대수롭지 않게 여기고 넘겼다.

가정예배가 끝나고 두 아이들이 아까 그림을 그렸던 긴 종이를 거실에 늘어놓았다. 도대체 무슨 놀이를 하는지 궁금해서 유심히 지켜보았다. 그랬더니 이면지에 그린 것은 게임의 배경이었고 쿠키런 상자에서 오린 것은 게임의 등장인물들이었다. 그 캐릭터들을 손가락으로 이동시키며 게임을 하고 있던 것이었다. 친구들이 하는 모바일 게임을 보고 와서는 집에 와서 직접 만들었던 것이다.

둘이서 길게 이어 붙인 이면지 사이를 왔다 갔다 하면서 손가락으로 쿠키런 게임을 하는 것을 보니 창의적이라는 생각도 드는 반면 안쓰럽기도 했다. 쿠키 모양의 캐릭터가 오븐을 탈출하여 벌이는 신나는 모험을 담은 게임이다.

나는 그 게임을 본 적이 없기 때문에 어떤 내용인지는 알 수 없었다. 그러나 단순히 장애물을 피하는 정도의 게임인 것 같아 일단 놀도록 놔두었다. 독하고 모진 엄마를 만나 극도의 구별된 생활을 하고 있는 형제들이다. 남들이 하고 있는 게임조차 쳐다보지도 못하게 한다. 눈으로 보는 것이 마음과 생각을 통해 행동으로 옮겨지기 때문이다. 건전하고 유익한 게임도 찾아보면 있겠지만 내가 눈으로 확인해 왔던 것들은 지극히 폭력적이고 자극적이며 잔인한 게 대부분이었기에 아예 모든 통로를 차단하게 되었다. 그런데 이 게임은 나쁜 것 같지 않아 친구가 하는 것을 조금 지켜봤다고 내게 솔직하게 고백하고는 아날로그 판을 만들어 노는 아이들이 정말 고마웠다.

디지털 시대에 아날로그로 산다는 게 얼마나 불편하고 힘들겠냐마는 그것이 지극히 성경적인 것이라면 우리를 구별되게 부르신 주님을 바라보며 기꺼이 아날로그적 사고와 행동과 삶으로 살아가야 한다는 것을 잊어서는 안 된다. 요즘도 새로운 게임판과 룰을 만들어 자기들만의 놀이를 만들어가는 아이들이 대견하다. 빠르고 편한 최첨단 시대에서 다소 느리고 불편한 삶을 고수하며 살아가고 있는 아이들에게 응원의 박수를 보내며 주님 가신 길을 기뻐하며 따르길 소망한다.

너희는 이 세대를 본받지 말고 오직 마음을 새롭게 함으로 변화를 받아 하나님의 선하시고 기뻐하시고 온전하신 뜻이 무엇인지 분별하도록 하라

롬 12:2

두근두근 암송 대회

지금까지 암송 대회에서 상을 받기 위해 아이들에게 암송을 시켜 본 적이 없다. 노회에 있는 어린이 대회에서도 이미 아이들이 암송 하는 말씀으로 대회가 치러져 선생님의 적극적인 권유가 있었지만 말씀이신 하나님을 아이들의 마음에 심는 게 중요하다는 생각으로 섣부른 욕심을 부리지 않았다. 아이들 생각도 마찬가지였다. 매일 암송을 하는데 왜 굳이 암송 대회까지 나가야 하느냐며 다른 종목 을 택했다. 우리 집에서 암송은 자연스러운 일상이었기 때문에 대회 라는 이유가 아이들에게 큰 감흥이 되지 않았다.

그런데 교회 학교에서 시행하는 암송 대회가 있었다. 초등학교 1학년부터 고등학교 3학년까지 참가하는 대회로 1차 필기시험(객 관식 15문제, 단답형 5문제, 서술 10문제)과 2차 구술시험으로 이루어 진 암송 대회였다. 다른 대회는 별 관심도 없던 조이는 이 대회에서 꼭 일등을 하고 싶다는 강한 포부를 내비쳤다.

나는 조이에게 물었다.

"조이야, 왜 일등을 하고 싶어?"

"하나님께 영광을 올려드리고 싶어서요."

"네가 꼭 일등을 해야 하나님께서 영광을 받으시는 건 아니야. 네가 기쁜 마음으로 암송하고 하나님을 높이면 그것으로 하나님은 충분히 기뻐하시고 영광을 받으신단다."

일등을 해서 하나님께 영광을 올려드리고 싶어 하는 아이에게 진짜 영광을 드리는 것에 대해 설명해주었다. 이 대회는 학년 구분 없이 치러지기 때문에 저학년인 조이에게는 다소 버거울 거라는 생각도 들었다. 점수 배당이 가장 높은 서술 문제는 시편의 전장을 써야 하기에 아직 어린 1학년 조이에게는 당연히 어려울 수밖에 없다. 필기시험 우수자에 한해 유년부, 소년부, 중등부, 고등부에서 각 다섯 명을 선발해 구술시험을 치를 수 있는 자격이 주어졌다.

필기시험에서 객관식이나 단답형은 그럭저럭 잘할 것 같아 염려가 덜 됐지만 서술에서는 아무리 생각해도 조이에게는 어려울 것 같았다. 그래서 나는 일찌감치 마음을 비우고 아이에게 좋은 경험이 될 거라는 생각으로 참석하는 데 의의를 두었다. 그래도 필기시험이 치러지는 내내 대입 입시를 지켜보는 부모님들처럼 마음이 무척 떨리고 설렜다. 오랜만에 느껴보는 시험 울렁증이었다.

위층에서 필기시험을 보고 있는 조이를 내려다봤다. 유치원이나 학교를 다닌 적이 없는 아이는 시험지를 받아들고는 어떻게 해야 할지를 몰라 한참을 두리번거렸다. 시간이 조금 지나자 감이 왔던지 문제를 풀기 시작했다. 필기시험이 끝나고 레크리에이션을 하며 채점을 기다리는 동안 조이와 정답을 맞춰 보니 객관식과 단답형 20문제는 다 맞은 것 같았다. 그런데 서술형 문제를 풀다가 시간이 모자라 10문제 중에서 9번의 답을 적다가 나왔다고 했다. 안타까웠지만 결과에 상관없이 수고하고 애쓴 아이를 격려해주었다. 드디어 필기시험 합격자가 발표되었다.

"와~ 조이야, 합격했다!"

초등학교 1~3학년 유년부 중 다섯 명 안에 들어갔고, 구술시험을 치를 수 있는 스무 명 안에 들어갔다는 것만으로도 조이가 장하고 대견했다. 막상 필기시험에 통과하니 참석하는 데 의의를 두자던 내 마음은 온데간데없고 슬슬 욕심이 생기기 시작했지만 워낙 쟁쟁한 형과 누나들이 포진해 있기에 이내 마음을 접었다.

두 명씩 한 조를 이루어 심사위원 앞에서 각자 암송하는 것으로 조이는 마지막 조였다. 가까이에서 조이를 응원하고 싶었지만 졸려하는 사랑이 때문에 그러질 못했다. 암송을 끝마치고 돌아온 조이에게 말했다.

"조이야, 시험 어땠어?"

"하라고 하는 건 다 하긴 했는데요, 엄청 떨렸어요."

암송을 워낙 잘하는 아이들이 많아 시간이 지날수록 나는 마음을 비웠지만 조이는 일등을 하고 싶다는 포부를 끝까지 포기하지 않았다. 등수와 상관없이 형과 누나들과 나란히 겨룬 것만으로도 대단한 일이라고 칭찬해주며 마음을 비우게 했다.

드디어 시상 시간이 돌아왔다. 구술시험을 치렀던 스무 명의 아이들 모두 강단에 올라가 필기시험을 통과한 기념으로 말씀찬양 CD와 도서를 받았다. 조이와 나는 떨리는 마음을 부여잡고 발표를 기다리는데, 놀랍게도 조이가 '칠년을 하루같이' 상을 받았다. 비록 일등은 못했지만 실력이 쟁쟁한 형과 누나들과 함께 상을 받는 모습이 대견하고 자랑스러웠다. 모든 영광을 주님께 올려드렸다.

나중에 알고 보니 조이가 차석을 했다. 교회 교육부에서 조이의 시상으로 부서와 담임 선생님에게 부상이 주어졌다고 한다. 조이가 정말 좋은 것을 배우는 귀한 시간이었다. 처음으로 필기시험이라는 것도 치러 보고, 긴장감 속에서 심사위원들 앞에서 암송도 해보고, 자기가 원하는 대로 되지 않는 것들도 배웠다. 또한 상을 통해 격려 받는 기쁨도 누렸다.

조이가 앞으로 수많은 관문과 시험들을 통과해야 하겠지만 결과에 좌지우지 하지 않고 모든 과정을 통해 많은 것들을 배우고 깨닫기를 바란다. 어디에서든지 하나님의 이름을 높이고 영광을 올려드리는 아이가 되기를 진정으로 바란다.

들풀도 먹이시는 하나님

하나님께서 지금까지 우리 가정에 참 많은 것들을 채워주시고 부어주셨다. 어느 것 하나 아버지의 손길이 미치지 않은 것들이 없다. 여전히 우리의 필요를 아시고 풍성하게 채워주시는 주님의 은혜를 날마다 경험하며 살고 있다. 그래서 예배 시간에 빠지지 않고 하나님의 성품을 올려드리는 것 중 하나가 채워주시는 주님을 찬양 드리는 것이다.

우리 가정을 잘 모르는 사람이 우리 집을 방문하면 내가 아이들에게 꽤나 투자를 많이 하는 엄마라고 생각할 지도 모르겠다. 크고 작은 값비싼 장난감들이며 책장에 가득한 책들이며, 계절별로 넘치는 옷이며, 각종 신발이며 아마 돈으로 환산한다면 어마어마한 금액일 것이다. 하지만 지금까지 아이들에게 값비싼 무언가를 사준 적이 거의 없다. 굳이 생각하라면 손에 꼽을 정도로 적다. 이 모든 것들이 감사하게도 하늘 아버지의 공급하심이다.

아이들을 명품으로 키우려고 하지 말고 정체성을 심어주라는 말씀이 있다. 정체성만 확실하게 심어준다면 어떤 옷을 입든 어떤 신발을 신든 그것에 가치를 두지 않는다는 것이다. 우리 아이들은 워낙 어릴 때부터 그런 방식으로 자란 터라 주님의 공급하심에 익숙해 있었다. 그래서 이 모든 것들이 너무나 자연스럽다. 한번은 새 옷을 사서 입혔는데 누가 주신 거냐고 물어봐서 섭섭했던 적이 있다. 아이들은 뭔가 새로운 옷이나 아이들의 필요가 채워질 때 꼭 물어본다.

"이건 누가 주신 거예요?"

하지만 이제는 누가 주신 것 대신 무언가를 주신 하나님을 찬양하고 섬기는 손길을 축복하며 기도한다. 그때그때마다 좋은 것으로 최고로 넘치도록 부어주시는 주님이 계시기에 풍성함을 누리며 살고 있다.

요즘 아이 한 명을 키우는 데 들어가는 돈이 몇 억원이 든다며 감히 둘째, 셋째를 낳을 생각을 하지 못하는 사람들이 많다. '하나만 낳아 제대로 잘 키우자' 하는 세상의 법칙을 따르고 있는 듯하다. 믿음의 사람들 역시 내게 똑같은 이야기들을 한다. 이 많은 아이들을 어떻게 다 키울 거냐고 나를 걱정한다. 그러고는 집에 돈이 많거나 남편이 능력이 있나 보다라고 이야기들을 한다. 옛 어른들이 하시는 말 중에 자기 먹을 복은 자기가 가지고 태어나니까 걱정하지 말고 쑥쑥 낳으라고 하시던 말이 생각난다. 이 말에 조금 보태고 싶다.

"여호와의 기업이고 그의 상급인 아이들에게 어찌 모든 것들을 예비하지 않으시고 태의 열매를 주시겠는가. 창세전부터 우리를 향한 놀라운 계획이 있거늘 어찌 하늘에 계신 우리 아버지께서 좋은 것으로, 최고의 것으로 주시지 않겠는가."

그리스도 예수 안에서 영광 가운데 풍성한 대로 채워주시는 주님을 믿고 기대한다면 우리 아이들의 모든 것 가운데 모든 쓸 것을 채워주시리라고 믿는다.

나의 하나님이 그리스도 예수 안에서 영광 가운데 그 풍성한 대로 너희 모든 쓸 것을 채우시리라 빌 4:19

5만 번의 기도 응답을 받았던 조지 뮬러라는 하나님의 사람이 있다. '고아의 아버지'로 불리며 고아들을 가족처럼 돌보는 그는 도움이 필요할 때마다 오직 하나님만 의지하여 기도했다. 그처럼 아이들과 우리 가정이 평생 사람에게 구하지 않고 하나님께 간구하며 구하고 찾고 문을 두드리어 응답 받기를 기도하고 있다. 단, 우리의 정욕과 소욕을 위한 간구가 아닌 우리 가정에게 필요한 것이라면 그 모든 일이 주님의 뜻을 이루기 위한 도구가 되기를 소망하며 먼저 그의 나라와 그의 의를 구하기 위해 함께 손을 모아 기도한다.

오늘 있다가 내일 아궁이에 던져지는 들풀도 하나님이 이렇게 입히시거든 하물며 너희일까보냐 믿음이 작은 자들아 그러므로 염려하여 이르기를 무엇을 먹을까 무엇을 마실까 무엇을 입을까 하지 말라 이는 다 이방인들이 구하는 것이라 너희 하늘 아버지께서 이 모든 것이 너희에게 있어야 할 줄을 아시느니라 그런즉 너희는 먼저 그의 나라와 그의 의를 구하라 그리하면 이 모든 것을 너희에게 더하시리라 마 6:30-33

고액 과외를 받게 되다

성탄 축하 행사가 있는 주일 저녁, 혼잡할 것 같아 온 가족이 일찌감치 교회로 향했다. 아이들과 간단하게 저녁을 해결하기 위해 교회 옆에 있는 음식점으로 갔는데 이미 교회 청년들로 인산인해를 이루고 있었다. 사람들은 밀려오고 자리가 쉽게 나지 않을 것 같아서 조이에게 포장해서 가져오라고 말하고는 나머지 삼 남매를 데리고 교회에서 기다렸다.

잠시 후 음식을 가져온 조이가 음식점의 청년들 앞에서 암송시범을 했다고 했다. 청년들이 조이에게 "어느 학교에 다니니?"라고 물었고, 조이가 "홈스쿨링을 하고 있어요"라고 대답하니 청년들이 호기심이 발동했는지 이것저것을 조이에게 질문한 것 같다. 집에서 뭐하냐는 질문에 말씀암송도 하고 여러 가지를 한다고 하니 즉석에서 암송 테스트를 한 모양이었다. 거뜬히 다 암송하는 조이에게 제일 좋아하는 말씀을 암송해보라고 해서 아이가 마태복음 1장 1-25절 말씀을 암송하니까 모두 놀랐다고 한다.

말씀을 통해 선한 통로로 쓰임 받고 있음에 감사해서 하나님께 영광을 올려드리며 조이를 칭찬해주었다. 그러고는 먼저 식사를 끝낸 조이에게 예배 자리를 맡으라고 보내고 나머지 아이들을 다 먹이고 일어서려는데 기다렸다는 듯이 한 형제가 말을 걸어왔다.

"집사님~, 아이들을 직접 홈스쿨링 하신다는 이야기를 들었습니다. 괜찮으시다면 제가 일주일에 한 번씩 조이의 공부를 도와주고 싶은데요."

나는 속으로 '할렐루야'를 외쳤다. 평소 아이들의 모든 교육의 문이 열리고 또 필요에 따라 좋은 선생님을 만나길 기도해왔는데 놀라운 방법으로 일하시는 주님의 은혜에 놀랍고 감사했다. 알고 보니 그 형제는 S대 생물학과에 재학 중이었다. 예배 시간 때문에 전화번호만 서로 교환하고 헤어졌다. 예배를 기다리면서 생각지도 못한 신기하고 놀라운 만남에 감사하고 행복했다.

며칠 뒤에 그 형제에게 연락이 왔다. 방학 때뿐 아니라 학기 중에도 아이들을 지도하고 싶다고 했다. 어떻게 그런 생각을 하게 되었는지 궁금해서 형제에게 물었다. 그 형제가 말했다.

"아이들을 보고 조이의 암송을 듣고 또 홈스쿨링 한다는 이야기를 듣는 순간 성령의 감동으로 발길이 떨어지지 않더라고요."

주께서 행하시는 모든 섭리와 은혜에 감사했다. 조이와 온유가 엄마가 아닌 다른 선생님에게 배우는 것만으로도 귀한 시간이 될 것이기에 형제의 그 마음에 고마웠고 인도해주신 하나님께 감사를 드렸다.

그 형제와 이야기를 나눠 보니 확실한 신앙관과 기독교 세계관으로 공부하는 탁월한 학생이었다. 하나님께서 주신 비전과 목표가 생기자 학원을 전혀 다니지 않고 고3 때부터 본격적으로 공부해 그 이듬해에 우리나라 최고의 대학에 들어갔다고 한다. 하나님께 지혜를 구하며 공부의 방법과 재미를 알고 나자 공부가 더 쉽고 재미있었다고 한다. 전공인 생물학을 공부하면 할수록 하나님께서 살아 계심을 더욱 알 수 있게 되어 진화론을 반론하는 책을 쓰고 싶다고 했다. 또한 교수가 되어 학생들을 기독교 세계관으로 가르치고 싶다는 자신의 포부를 나누었다.

아이들에게 가장 적합하고 필요한 귀한 선생님을 만나게 하심이 감사했다. 같은 교회에 이렇게 건강하게 잘 자라 열매가 되어주는 귀한 청년이 있음에 든든하고 감사했다. 아이들이 홈스쿨링을 하고 있지만 내가 계획하고 생각하지 못한 놀라운 방법들로 하나님께서는 아이들의 교육의 문을 열어주셨다. 모든 것이 합력하여 선을 이루시는 주님께 찬양과 영광을 올려드린다.

우리가 알거니와 하나님을 사랑하는 자 곧 그의 뜻대로 부르심을 입은 자들에게는 모든 것이 합력하여 선을 이루느니라 롬 8:28

Part 4

말씀으로
새로워지는 가족

내가 가고 있는 모든 여정에 지혜의 근본이 되시는 여호와께서
동행해주셔서 허술하고 빈틈이 많은 내 생각이
하나님의 지혜로 새롭게 리모델링 될 수 있었다.
맡겨주신 자녀들에게도 세상의 지식이 아닌 하나님의 지혜가 우선이 되도록
가르쳐야 한다. 지혜는 하나님의 말씀으로부터 온다.

chapter 8

말씀이 주는 지혜

분별하는 지혜

지혜가 너를 선한 자의 길로 행하게 하며 또 의인의 길을 지키게 하리니

잠 2:20

내가 양육의 어려움과 믿음의 가정으로서의 막막함을 호소할 때마다 하나님께서는 말씀으로 동행해주시고 인도해주시며 친히 가르쳐주셨다. 자녀들을 믿음 안에서 성경적으로 양육하고 믿음의 복된 명문가로 세워가는 모든 과정에서 세상의 지식과 정보가 아닌 오직 위로부터 오는 지혜가 있어야 함을 깨달았기에 더욱 말씀을 붙들었는지도 모르겠다.

'지혜로운 자와 동행하면 지혜를 얻고 미련한 자와 사귀면 해를 받느니라'(잠 13:20)라는 잠언 말씀처럼 내가 가고 있는 모든 여정에 지혜의 근본이 되시는 여호와께서 동행해주셔서 허술하고 빈틈이 많은 내 생각이 하나님의 지혜로 새롭게 리모델링 될 수 있었다. 맡겨주신 자녀들에게도 세상의 지식이 아닌 하나님의 지혜가 우선이 되도록 가르쳐야 한다. 지혜는 하나님의 말씀으로부터 온다.

자녀들의 마음에 살아 계신 하나님의 말씀을 심어 오로지 말씀이 곧 삶이 되는 지혜로운 사람이 되기를 간구할 때 지혜가 자녀들을 선한 자의 길로, 의인의 길을 지키게 하는 자로 이끌게 될 것이다.

하나님께서는 여러 통로를 통해 아이들에게 읽을 책을 채워주셨다. 그렇게 공급받은 위인동화전집이 있었는데, 과학을 사랑한 사람들, 어린이를 사랑한 사람들, 보다 나은 세상을 꿈꾸며 노력한 사람들 등 여러 테마로 인류 역사에 빛을 밝힌 48명의 위인들을 다루었다.

도전이 될 만한 위인들로 구성되어 내용도 비교적 만족스러웠다. 더욱이 위인에 예수 그리스도도 포함되어 있어 바람직하다고 생각했다. 예수님에 관한 이야기도 성경에 위배되지 않으면서도 사실적으로 쓰여 있어 안심이 됐다. 그런데 문제는 '인류를 위해 아낌없이 자신을 희생한 위인들의 이야기'에 석가모니와 예수 그리스도, 나이팅게일, 간디, 슈바이처, 마더 테레사가 하나의 분류로 묶여 있다는 것이었다. 다른 위인들의 내용과 비교하여 보니 예수님의 기적과 행사가 특별한 게 아니라 다른 위인들과 별반 다를 게 없는, 평범한 사람들보다 좀 더 특별한 한 사람으로 소개하고 있었다. 함께 들어 있는 CD에도 석가모니와 예수 그리스도를 함께 실어놓았다.

만유의 주재이시고 구원자 되시는 예수님을 소개하기보다는 그저 이야기 속의 한 사람으로 그려내는 현실이 안타까웠다. 아직 분별력이 없는 아이가 무분별하게 이야기를 들었을 때 석가모니나 간디도 위대해보일 것이고, 그들을 예수님 못지않은 특별한 사람들로 여길 수 있다는 생각이 들었다. 그래서 먼저 걸러야 될 것은 걸러야 겠다고 마음먹고 책을 읽어주기 전에 내가 정독을 하고 검증한 후에 아이들에게 읽어주기로 했다.

세상에서는 필독서로 불리며 나름대로 유명한 동화책임에도 불구하고 동물, 요정, 마법사가 등장하여 마치 세상을 주무르고 다스리는 신처럼 묘사되어 분별력 없는 아이들을 더 혼란스럽게 만드는 책들이 있다. 아이들의 창의력과 상상력을 높여주는 것으로 교묘하게 가장해 하나님의 창조성과 성경을 위배한 내용들이 얼마나 많은지 일일이 걸러 가며 읽어주는 것도 쉽지 않았다. 국민 학습 만화로 불리며 널리 읽히는 책에서 동성연애를 미화해서 아름답게 이해하도록 풀어놓은 글을 보고 적잖은 충격을 받았다. 도대체 우리 아이들이 무엇을 배우고 학습하라는 건지 이해할 수가 없었다.

아이들의 눈과 머리와 가슴이 말씀과 하나님으로 가득 차서 거룩한 것과 속된 것, 부정한 것과 정한 것, 선과 악을 분별할 줄 알고, 진리의 말씀과 영들을 분별할 줄 아는 분별력이 있을 때 마음껏 읽고, 보고, 듣고, 하고 싶은 것들을 할 수 있도록 자유롭게 해줄 생각이다. 우리 가족들이 수년째 TV를 보지 않는 이유도 마찬가지이다.

집에 있는 책 중 버려야 할 것들을 골라 과감하게 정리하며 왜 읽지 말아야 되는지를 아이들에게 설명해줄 때 아이들이 미련 없이 버리는 것을 보았다. 도서관에서 읽어 달라고 가져오는 책 중 읽지 못하고 다시 책장으로 갖다놓아야 하는 이유들을 이미 이해하고 있기에 "엄마 이 책은 괜찮아요?" 하고 미리 물어보는 게 습관이 되었다.

혹시라도 내가 내용을 다 파악하지 못하고 읽어줄 때는 다 읽고 난 후 꼭 성경적으로 풀어서 설명해주려고 노력했다. 갈수록 어지럽고 어수선한 세상에서 우리 아이들을 예수님의 작은 제자로 세워가는 일들이 쉽지 않다.

아이들에게 하나님의 선하시고 기뻐하시고 온전하신 뜻이 무엇인지 분별하는 분별력과 판단력을 주시길 기도한다. 오직 말씀이 기준이 되어 선과 악을 구분하고, 거짓과 진실을 알고, 진리 위에 굳건히 서 가는 아이들로 자라도록 부모가 인도해야 한다.

자녀의 마음에 말씀 심기

조이와 약속한 시간에 단둘이 방에 들어가 한 소절씩 돌아가며 암송을 하기 시작했다. 마태복음 5장을 암송하던 조이가 말했다.

"엄마, 마음이 청결한 게 어떤 거예요?"

"마음이 청결한 건 마음이 깨끗한 걸 이야기하는 거야. 다른 걸로 더러워진 마음이 아니라 하나님에 대한 생각으로 가득한 깨끗한 마음을 말하는 거야. 거룩한 마음과도 같은 건데 우리 스스로 깨끗한 마음을 가질 수는 없어. 예수님이 도와주셔야 하는 거야. 하나님만 생각하는 깨끗한 마음을 가지면 하나님을 볼 수 있는 축복을 주시는 거야."

"엄마, 저도 마음이 깨끗해요. 그러니까 하나님을 볼 수 있어요."

"맞아, 조이 마음은 맑고 순수하고 깨끗해서 하나님을 볼 수 있을 거야."

갑작스런 조이의 질문에 지혜가 부족해서 명쾌한 답변을 해주지 못해 안타까웠지만, 어린아이와 같은 순전한 마음을 가지고 하나님을 볼 수 있는 복을 누리고 싶은 마음만은 간절했다. 하나님은 분명히 말씀하신다.

"내가 거룩하니 너희도 거룩할지어다"(벧전 1:16).

조이의 질문에 좀 더 깊이 알고 싶어 '마음이 청결하다'라는 뜻을 찾아봤다. 헬라어로는 '카타로스', 영어로는 'pure'로 불순물이 하나도 들어가지 않은 상태를 말한다. 이 말씀에서 마음의 청결은 단순히 불순한 생각들이 없는 상태를 의미하는 게 아니라 '마음이 나누어지지 않은 상태'를 말한다. 즉 거룩하다는 것은 충성심이 나눠지지 않고 오직 하나님만을 위해 사는 것이다. 하나님은 거룩하시기에 우리를 향한 그분의 뜻은 '거룩함'이다. 그래서 우리가 거룩해야 한다고 가르쳐주시는 것이다. 물론 내 힘과 노력이 아닌 어린양의 보혈의 은혜로.

말씀은 자녀가 죄인임을 깨닫고 온전하게 되며 그 안에 그리스도의 형상이 이뤄지도록 인도해주신다. 또 불변하는 진리인 말씀에는 능력이 있다. 우리가 믿고 순종하며 말씀대로 행할 때 표적이 따르고 은혜가 임하며 충만한 기쁨이 있고 영원한 즐거움이 있는 생명의 길로 인도해주신다.

대저 하나님의 모든 말씀은 능하지 못하심이 없느니라 눅 1:37

어떤 조기 교육보다 필요한 게 말씀 조기 교육이다. 그러려면 준비된 부모가 되는 것이 먼저이다. 지극히 성경적이고 성공적인 자녀 양육의 방법은 하나님이 세우신 질서대로 말씀 가운데 준비된 부모가 말씀암송태교를 하고, 하나님을 예배하며 성경적인 자녀 양육으로 이어가는 것이다. 그렇게 자라난 세대가 그다음 세대로 믿음과 말씀의 유업을 흘러보낼 때 믿음의 반석 위에 굳건하게 세워지는 가정과 나라가 될 것이다. 많은 가정들이 말씀 심는 가정으로 세워지길 바라며 민족개조운동이 조용히 일어나길 소망한다.

1. 들려주기

그러므로 믿음은 들음에서 나며 들음은 그리스도의 말씀으로 말미암았느니라 롬 10:17

하나님의 은혜로 세 명의 아이를 준비된 상태에서 말씀으로 태교할 수 있었고, 그 시작은 말씀을 들려주는 것부터였다. 태에서부터 들려주었던 말씀은 출산 후에 젖을 먹이며 안고 있을 때까지 이어졌고, 아이가 잠들기 전이나 일어났을 때 수시로 말씀을 들려주었다. 48개월 된 셋째 사랑이는 이제 모든 의사 표현을 다하고 말도 잘하지만 여전히 말씀을 들려주고 있다. 아이가 혼자 놀고 있는 곳에 CD를 틀어주거나 여력이 될 때는 엄마의 목소리를 통해 들려주려고 애쓴다.

오빠들의 암송 소리를 통해 듣기도 하고, 매일 드리는 가정예배를 통해 듣는 모든 말씀이 사랑이의 마음에 차곡차곡 쌓여 백여 절의 말씀이 새겨졌다. 미처 내가 확인해보지 않은 말씀도 꽤 많이 알고 있는 것 같다. 오빠들을 위해 세이펜(say-pen)으로 찍어서 들을 수 있도록 만들어놓은 다국어 암송책을 가지고 놀더니 영어와 중국어로도 암송을 해서 가족들을 놀라게 만들었다.

어린아이들이 듣는 것만으로 말씀이 새겨지는 것이 참 경이롭다. 요즘은 암송책을 가져와 자기도 오빠들처럼 암송시켜 달라고 말한다. 말씀의 거룩한 도전을 받고 욕심을 내는 것 같아 감사하다. 14개월 된 넷째 시온이도 암송책을 가져와 혼자서 중얼거리기에 평소 들려주었던 말씀을 따라 하게 했다. 그랬더니 제법 정확한 발음으로 따라 해서 가족들을 놀라고 기쁘게 해주었다. 어린아이들은 들려주는 것만으로도 말씀 심는 것이 충분하다.

2. 한 소절씩 따라 하기

네 자녀에게 부지런히 가르치며 집에 앉았을 때에든지 길을 갈 때에든지 누워 있을 때에든지 일어날 때에든지 이 말씀을 강론할 것이며 신 6:7

아이들이 한두 마디를 따라 할 수 있는 시기가 되었을 때는 한 단어, 한 소절씩 따라 하도록 했다. 그 단어와 소절이 쌓여서 어느 순간에 긴 문장을 말할 수 있게 된다. 셋째 사랑이가 17개월에 접어들면서 오빠들이 하는 것은 뭐든 따라 하려고 했다. 엄마와 오빠들이 쓰는 단어들도 제법 잘 따라 하기에 암송에 도전했다.

처음으로 창세기 1장 1절 말씀을 시켜봤는데 곧잘 따라 했다. 사랑이가 암송하는 모습을 옆에서 지켜보던 오빠들이 격려와 환호를 보내며 응원했다. 사랑이도 축하에 힘입어 덩달아 기뻐하며 하나님께 영광의 박수를 하고 암송의 첫 단추를 끼웠다.

잠들기 전에 한 번씩 따라 하게 하는 것도 무리 없이 암송을 진행할 수 있는 방법이다. 잠자리에 누우면 암송하는 구절을 들려주다가 자연스럽게 한 소절씩 따라 하기도 하고 또 한 소절씩 주고받기도 하면서 잠이 들었다. 그러다 보면 어느 순간에 한 소절이 한 문장이 되고 한 장이 된다.

가정예배 시간이나 놀이를 하다가도 생각날 때 따라 하도록 한다. 잘했을 때는 넘치는 칭찬으로 격려하면 더 재미있어 하고 신나게 암송한다. 아이가 처음 내뱉는 문장이 말씀이 되는 것은 부모가 아이에게 무엇을 들려주고 따라 하게 하느냐에 달려 있다.

3. 다섯 번씩 읽어주기

오직 여호와의 율법을 즐거워하여 그의 율법을 주야로 묵상하는도다

시 1:2

아이가 글자를 읽을 줄 알아도 태에서부터 들었던 엄마의 목소리로 들려주는 것이 좋다. 하루를 시작하기 전에 하나님의 말씀을 읽어주는 것은 하루의 첫 기억 장치에 하나님의 말씀을 옮겨놓는 것이다. 하루에 다섯 번 정도만 읽어줘도 일주일이면 아이가 그 말씀을 기억한다. 읽어주는 게 어렵다면 아이 스스로 읽게 하는 것도 좋은 방법이다.

우리가 주기도문을 생각하지 않아도 바로 꺼내어 암송할 수 있는 것은 이미 단기 기억 장치에 있던 말씀이 장기 기억 장치로 넘어갔기 때문이다. 계속해서 읽고 반복하다 보면 어느새 말씀이 단기에서 장기 기억 장치로 넘어간다. 오랜 시간 동안 암송했던 말씀은 일주일에 한 번만 반복적으로 암송을 해도 잊지 않고 기억이 나는 원리이다.

가정예배 때 작은 칠판에 말씀 한 절을 적어놓고 아이들에게 한 주간 따라 읽도록 해봤다. 일주일 동안 매일 한두 번씩 읽는 것만으로도 말씀이 새겨지는 것을 보았다. 들려주고 읽고 말하는 것으로 말씀이신 하나님을 우리의 마음에 모셔둘 수 있다. 복 있는 사람이 되기를 원한다면 즐거운 마음으로 말씀을 밤낮으로 읊조리는 사람이 되라.

4. 가족과 함께 암송하기

이 율법책을 네 입에서 떠나지 말게 하며 주야로 그것을 묵상하여 그 안에 기록된 대로 다 지켜 행하라 그리하면 네 길이 평탄하게 될 것이며 네가 형통하리라 수 1:8

아이들과 따로 시간을 내어 암송을 하기도 하지만 가정예배 시간을 통해서도 말씀을 심는다. 요즘은 시편 136편을 함께 암송하고 있는데 인도자가 한 소절을 읽어주면 말씀을 따라서 몇 번 읊조리다가 한 사람씩 돌아가면서 암송을 한다. 그리고 그날 새롭게 암송한 말씀과 함께 처음부터 반복해서 암송한다. 함께 암송하다 보니 서로 격려하고 부족한 부분들을 채울 수 있어 감사하고 혼자 할 때보다 쉽고 빠르게 암송하는 은혜를 경험하고 있다. 삼겹줄이 쉽게 끊어지지 않는 것처럼 가족이 힘을 모아 함께할 때 말씀의 끈을 더욱 붙잡을 수 있다.

성경으로 키우고 가르치기

세상을 배우기 전에 하나님에 대해 가르쳐야 한다. 가정에서 먼저 하나님을 경외하고 사랑하도록 가르쳐야 한다. 그리고 나서 복음과 진리와 우리가 죄인인 것과 죄인을 사랑하시는 하나님의 사랑을 가르쳐야 한다. 해야 할 것과 하지 말아야 할 일들과 마땅히 행할 길을 아이에게 가르치며 십계명과 우리에게 주신 계명을 준행하도록 인도해야 한다.

첫 아이가 16개월이던 때, 말씀을 들려주는 것으로 내 성경 과외는 시작됐다. 아이가 본격적으로 말을 하기 시작하고 이해할 수 있을 무렵 일명 '성경 놀이'라는 시간을 통해 성경을 가르치기 시작했다. 함께 놀이하듯 말씀을 배우는 이 시간을 아이들은 기다리며 좋아했다. 여러 가지 질문과 대답을 통해 하나님이 어떤 분이신지 알아가고, 함께 읽는 성경 말씀을 통해 놀라운 하나님을 만나고 경험하는 시간이 된다. 이런 과정을 통해 말씀으로 채워지는 은혜를 누리게 된다.

1. 말씀묵상

복 있는 사람은 악인들의 꾀를 따르지 아니하며 죄인들의 길에 서지 아니하며 오만한 자들의 자리에 앉지 아니하고 오직 여호와의 율법을 즐거워하여 그의 율법을 주야로 묵상하는도다 시 1:1,2

조이는 다섯 살 무렵부터 매일 아침 아빠와 함께 큐티를 시작했다. 아빠가 없는 날에는 나와 함께 말씀을 묵상했다. 딱히 유아들이 볼 수 있는 말씀묵상 교재가 없어서 초등학교 저학년용 큐티 교재로 아빠의 도움을 받아 했다(지금은 유아부터 장년에 이르기까지 아이들의 눈높이에 맞는 많은 교재들이 나와 있다).

'묵상'이라는 말이 '작은 소리로 읊조린다'는 뜻이다. 그래서 암송을 하다 보면 자연스럽게 묵상의 시간을 가질 수 있다. 하지만 말씀을 통해 좀 더 하나님을 알아가고 말씀을 생활 가운데 적용할 수 있도록 하기 위해 함께 말씀을 묵상하기로 했다.

조이가 초등학교에 들어가고 나서는 그동안 아빠에게 훈련받은 대로 혼자 묵상할 수 있도록 격려했다. 말씀묵상 노트를 만들어 아이에게 묵상한 내용들을 적게 했는데 생각보다 깊이 있게 묵상하고 생활에 적용하고 있어 놀랍고 감사했다.

다섯 살이던 조이가 하루는 나보다 먼저 일어났다. 아이들의 소리와 행동이 떠지지 않는 눈동자 속에서 떠다니고 있었다. 잠시 후 조이가 소파에 앉아서 시편 23편을 암송하는 소리가 들렸다. 기특하다는 생각을 하고 있는데 암송을 다하고 내게 와서 말했다.

"엄마가 주무시니까 내가 해야겠다."

눈을 감고 미동도 하지 않는 나를 보더니 대답할 시간도 주지 않고 다시 소파로 갔다.

"하나님, 말씀묵상해요. 성령 하나님, 능력이 나타나게 해주세요. 예수님 이름으로 기도드렸습니다. 아멘."

그렇게 기도하고는 온유를 앉혀놓고 자신이 말씀묵상한 것을 나누었다.

"오늘은 우상숭배에 대해 이야기를 하겠어요. 온유야, 한번 ㅈ들어 봐. 우상숭배는 하나님이 너무너무 싫어하시는 거예요. 하나님보다 더 좋아하면 안 돼요. 그러면 우상이에요. 그러면 어떻게 해야 할까요? 예배를 잘 드려야 해요. 그리고 기도도 많이 해야 해요. 암송도 열심히 해야 해요. 알았지? 하나님, 감사합니다. 우상숭배는 하나님이 싫어하시는 거예요. 하나님만 사랑하게 해주세요. 예배도 잘 드릴게요. 예수님 이름으로 기도드렸습니다. 아멘. 말씀묵상

다했다."

조이의 모습이 머릿속에 하나하나 다 그려졌다. 떠지지 않는 눈을 애써 뜨며 일어나려는데 조이가 내게 함박웃음을 지어 보였다.

"엄마, 저 오늘 혼자서 말씀묵상을 했어요. 엄마가 주무시고 계셔서요."

이미 다 듣고 있었다는 내색을 하지 않고 조이를 마음껏 칭찬해 주었다. 예레미야서 말씀을 묵상하고 있는 조이였는데 글자도 내용도 다 모르지만 아빠랑 나눴던 그 말씀들을 기억하고 있었던 것이다.

묵상 책을 펼쳐놓고 마치 읽고 이야기하는 것 같은 모습이 기특했다. 어느 새 자라서 하루의 첫 시간을 하나님과 만나고 그분을 생각하며 보낸다는 게 대견했다. 하나님은 누구의 강요도 명령도 아닌 간절한 마음과 사모함으로 그분을 찾을 때 사랑으로 만나주시는 분임을 조이가 깨달았으면 좋겠다.

어느 날, 열왕기상을 묵상하고 있었다. 한동안 다윗과 골리앗 놀이에 빠져 있던 두 형제가 열왕기상을 묵상하면서 다윗과 솔로몬, 아도니야 놀이를 즐겨 했다.

"온유야, 내가 솔로몬을 할 테니까 네가 제사장을 해. 그리고 나한테 기름을 부어, 알았지?"

이날의 말씀은 솔로몬이 드디어 왕이 되고 다윗과 모든 백성들이 기뻐하며 하나님을 찬양하는 내용이었다. 이 내용으로 아빠와 큐티를 끝낸 조이가 기도를 했다. 그런데 남편이 그 기도 내용에 감동이 되었던지 자신의 큐티 노트에 그 기도를 적어두었다. 조이의 기도는 이러했다.

"하나님, 감사합니다. 오늘은 아도니야의 최후에 대해서 아빠와 말씀묵상을 했어요. 다윗은 늙어서도 하나님께 절했습니다. 우리의 마음도, 우리의 사랑도 변하지 않게 해주세요. 예수님 이름으로 기도드렸습니다. 아멘!"

변하지 않는 믿음과 신앙은 하나님의 자녀로서 지녀야 할 필수 조건이다. 조이가 묵상했던 것처럼 삶에 말씀이 녹아들어 삶이 변하는 인생이 되기를 우리는 기대한다.

조이가 자라면서 가끔 남편이 해주던 자리를 조이가 대신해줄 때가 있다. 글자를 모르는 동생 온유에게 말씀을 읽어주기도 하고 말씀 속에서 하나님의 어떤 성품이 드러나고 있는지, 우리가 지켜야 할 계명과 피해야 할 죄는 무엇인지 자상하게 알려주었다. 덕분에 여덟 살이 된 온유도 스스로 말씀묵상을 하고 있다. 그런 아이들의 묵상 노트를 볼 때마다 많은 은혜를 누린다.

네가 보거니와 믿음이 그의 행함과 함께 일하고 행함으로 믿음이 온전하게 되었느니라 약 2:22

7월 3일 **온유의 묵상**

오늘의 말씀 : 로마서 7장 20-25절

~~~~~~

God **하나님의 풍성, 사역**

하나님의 법을 섬기기 원하시는 하나님, 죄의 법을 섬기기 원치
않으시는 하나님

People **본받을 점, 피해야 할 죄**

죄의 법을 섬기면 안 되는 것, 우리 주 예수 그리스도로 말미암아
하나님께 감사해야 하는 것

Practice **실천할 것, 고쳐야 할 것, 붙잡아야 할 약속과 기도**

22절에 내 속사람으로는 하나님의 법을 즐거워하지만 죄의 법이
나를 사로잡을 수 있다고 한다. 나는 죄인이다. 하지만 예수님
께서 나의 죄를 용서하셨다. 25절에 '우리 주 예수 그리스도로
말미암아 하나님께 감사하리로다 그런즉 마음으로는 하나님의
법을 육신으로는 죄의 법을 섬기는 것'이라고 한다. 육신을 따르
는 것이 아니라 하나님의 법을 따르며 살고 싶다. 성경을 잘 알
고 읽고 암송하고 존경해야겠다.

Prayer **기도**

죄의 법이 나를 사로잡지 않게 해주세요. 예수님의 이름으로 기
도합니다. 아멘.

손만 내밀면 읽을 수 있고 들을 수 있는 말씀의 홍수 속에서 아이들이 자라고 있어 감사하다. 하지만 그로 인해 머리만 커지는 비정상적인 모습으로 살아서는 안 된다. 행함이 없는 믿음은 죽은 믿음이기에 듣기만 하고 행함이 없는 믿음이 되지 않기를 위해 기도하고 있다. "듣기만 하여 자신을 속이는 자가 되지 말라"(약 1:22)라고 말씀하신다. 아이들이 묵상으로만 그치는 것이 아니라 말씀을 행하고 실천하는 자가 되기를 바라며 신행일치(信行一致)의 삶을 살기를 소망한다.

2. 성경 읽기

우리가 이것을 말하거니와 사람의 지혜가 가르친 말로 아니하고 오직 성령께서 가르치신 것으로 하니 영적인 일은 영적인 것으로 분별하느니라

고전 2:13

아이들이 어려서부터 접하게 되는 많은 책 중에 엄마를 통해 처음으로 듣고 읽게 되는 책이 성경이 되도록 했다. 새찬송가 199장〈나의 사랑하는 책〉의 가사처럼 아이들이 어머니의 무릎 위에 앉아서 재미있게 듣던 말을 잊지 않고 기억하기를 바라면서 각 연령에 따라 다양한 성경을 구입하게 되었고 매일 말씀을 읽으며 이야기꽃을 피워 나갔다. 아이들은 성경에서 자기들이 좋아하는 부분은 반복해서 읽어 달라고 했고, 나는 매일 꾸준하게 말씀을 들려주려고 노력했다.

처음에는 한두 줄의 글씨와 그림으로 채워진 성경을 읽기 시작해서 지금은 어른들이 보는 성경도 함께 읽으며 달고 오묘한 생명의 말씀을 먹고 있다. 필요에 따라 말씀을 쓰며 한 자 한 자 주신 말씀을 마음에 새기기도 했다. 매일 말씀 쓰는 것을 힘들어하다가도 암송하는 말씀이 나오면 언제 그랬냐는 듯 신나게 말씀을 써 나갔다.

조이가 다섯 살 때였다. 성경을 읽어주고 있었는데 한참을 듣고 있다가 아이가 말했다.

"예수님은 어떻게 물 위를 걸을 수 있어요?"

"너는 예수님이 어떻게 물 위를 걸으실 수 있다고 생각해?"

"제가 모르니까 엄마한테 물어보는 거잖아요. 그냥 다 말씀해주세요!"

아이의 갑작스런 질문에 답을 미처 생각하지 못해 당황스러웠지만 질문에 대한 지혜를 간구했다.

"음…, 엄마도 예수님이 어떻게 그런 기적을 행하셨는지 정확하게는 알지 못해. 하지만 예수님은 하나님의 아들이기 때문에 못하시는 일이 없으시단다. 예수님은 물 위를 걷는 것 말고도 많은 기적을 행하셨어. 조이가 암송하는 시편 8편 말씀에 '주의 손으로 만드신 것을 다스리게 하시고 만물을 그의 발 아래 두셨으니'라고 하셨지? 온 만물을 만드신 하나님의 아들이기 때문에 물도 다스리실 수 있는 거야. 물도 다스리는 예수님이 그 위를 걸으시는 건 쉬운 일이 아닐까?"

순간 시편 8편 말씀이 떠올라서 대답해주기는 했지만 급조한 티가 나는 답변을 듣고도 더 이상 질문을 해주지 않는 아이가 고마웠다. 아이들과 함께 성경을 읽다 보면 서로 이런저런 질문도 하고 답을 찾아보기도 하지만 가끔은 내용과 상관없이 뜬금없는 질문으로 진땀이 나기도 한다.

"저는 하나님도 예수님도 안 보여요. 그런데 어떻게 조이 마음에 계세요?"

"엄마도 하나님을 볼 수 없어. 하나님은 우리처럼 사람이 아니야. 하나님은 영이라는 다른 몸을 가지고 계셔서 우리 눈으로는 볼 수가 없어. 그런데 하나님은 살아 계셔. 조이야, 손에 '후~' 하고 불어 봐. 바람이 느껴지지?"

"후~ 네, 손에 바람이 느껴져요."

"조이는 바람을 볼 수 있어?"

"아니요."

"공기로 숨을 쉬는데 공기를 볼 수 있어?"

"아니요, 안 보여요."

"맞아, 볼 수는 없지만 숨을 쉴 수 있고 또 바람을 느낄 수 있는 것처럼 하나님도 보이지 않는다고 없는 게 아니셔. 우리와 가장 가까운 곳에 계시는 거야. 보이지 않는 하나님을 믿는 것을 '믿음'이라고 하는 거야. 그리고 그 믿음은 하나님이 주시는 거야. 다음에 천국에 가면 그땐 하나님을 직접 볼 수 있을 거야."

"그런데 어떻게 내 마음에도 있고 엄마 마음에도 있고 다른 사람들 마음에도 있어요?"

"아까 엄마가 이야기한 것처럼 하나님은 우리 같은 몸이 아니라 영으로 계셔서 언제나 누구에게나 함께하실 수 있는 거야. 공기가 너한테만 있어서 조이만 숨을 쉬는 건 아니지? 엄마도 온유도 쉬고 사람들도 다 숨을 쉴 수 있잖아, 정말 신기하지? 하나님은 그렇게 신기하고 놀라운 분이야. 조이가 암송하는 여호수아서 1장 9절에도 말씀해주시잖아. 뭐라고 하셨을까?"

"내가 네게 명령한 것이 아니냐 강하고 담대하라 두려워하지 말며 놀라지 말라 네가 어디로 가든지 네 하나님 여호와가 너와 함께하느니라 하시니라."

"그래, 조이가 어디에 있든지 항상 함께하시는 분이 하나님이셔."

"엄마에게는요?"

"엄마와도 물론 함께하시지."

예전엔 성경책을 읽어주면 주로 듣고 내가 질문을 유도하는 편이었는데 언제부턴가 아이들이 질문하는 게 두려울 만큼 궁금한 게 많아졌다. 어떤 질문을 할지 예상할 수 없으니 뭔가 지혜롭게 답변을 준비할 수도 없어서 늘 지혜의 부족함을 느끼며 한숨지어야 했다. 하지만 질문이 많다는 것은 궁금한 게 많다는 뜻이고, 그것은 아이가 많은 생각을 한다는 것이기에 나는 기쁨으로 최선을 다해 질문에 응답하려고 노력한다.

어느 날은 함께 성경을 읽으며 궁금한 게 많아진 조이가 이런 질문을 했다.

"엄마, 하나님은 왜 나를 사랑하실까요? 하나님 말씀을 안 들을 때도 있고 예배를 예쁘게 안 드릴 때도 있는데요."

오래전에 엄마의 사랑을 확인하고 싶었던 조이가 "엄마, 제가 말을 안 들어도 엄마는 나를 사랑해요?"라고 물었던 적이 있다. 어떤 이유이든 상관없이 조이를 정말 사랑한다는 대답을 듣고 행복해하던 조이가 떠올라 잠시 미소 지었다.

"네가 잘못을 하든 안하든 엄마는 너를 무조건 사랑해. 그건 네가 엄마의 아들이기 때문이야. 하나님도 우리를 창조하신 분이시기 때문에 설사 네가 말씀대로 안 살아도 예배를 예쁘게 안 드려도 하나님은 너를 무조건 사랑하시는 분이야. 하나님의 아들인 예수님을 우리에게 내어주실 만큼 우리를 사랑하는 분이셔. 네가 어떤 잘못을 해도 하나님은 다 용서해주시고 어떤 잘못도 하나님의 사랑을 막을 수는 없는 거야. 너는 하나님의 사랑을 받는 존귀한 하나님의 아들이야."

조이는 하나님이 자기를 얼마나 사랑하시는지 확인해보고 싶은 모양이었다. 성경을 읽으며 심판의 하나님을 만나면서 자신의 실수나 죄로 하나님이 자기를 사랑하지 않으실까 봐 두려웠는지도 모르겠다. 어른이든 아이든 사랑하는 사람으로부터 사랑받고 있는지 확인하고 싶고 인정받고 싶어 하는 마음은 다름이 없는 것을 느꼈다.

나도 어릴 때 혹시라도 하나님이 용서해주시지 않으면 어쩌나하는 불안한 마음이 있었다. 하지만 하나님은 사랑 그 자체이시기에 모든 것을 용서해주시고 우리의 지나간 실수를 기억조차 하지 않으셨다. 아이들도 사랑의 하나님을 만나고 경험하고 느끼기를 원한다. 언제든지 어떤 상황이든지 달려가 안길 때 두 손으로 따스하게 품어주시는 아버지의 사랑을 느끼고 그분의 따스한 품에서 참 평안과 행복을 누리길 함께 기도했다.

성경을 '내비게이션'으로 표현하기도 한다. 길을 잃지 않고 목적지까지 안전하게 도착할 수 있도록 우리의 삶을 말씀으로 인도해주기 때문이다. 내게 있어 성경은 사용설명서이기도 하다. 핸드폰을 구입하더라도 사용 방법을 알기 위해 설명서를 읽고 또 읽는데 하물며 하나님의 자녀를 맡아 양육하면서 최고의 안내서이자 설명서인 성경을 어떻게 경홀히 여길 수 있겠는가.

문제를 만날 때마다 사용설명서를 꼼꼼히 살펴 해결해가는 것처럼 우리의 삶에 펼쳐지는 다양하고 복잡한 문제들을 진리의 해결사인 말씀 가운데 가져올 때 서비스센터에서 번호표를 뽑고 대기해야 하는 일은 없을 것이다. 주님 오시는 그날까지 내비게이션으로 인도해주시고 방법을 안내해주시는 진리의 말씀을 자녀들과 붙들길 바란다.

3. 성경 놀이

내가 아버지의 계명을 지켜 그의 사랑 안에 거하는 것같이 너희도 내 계명을 지키면 내 사랑 안에 거하리라 요 15:10

'공부'라는 단어보다 '놀이'라는 단어가 더 친숙하게 여겨질 것 같아서 '성경 놀이'라는 시간을 만들어 성경을 깊이 공부하는 시간을 갖기 시작했다. 처음엔 성경 학교의 교사 강습회를 쫓아다니며 배웠던 내용들로 아이와 찬양도 하고 말씀도 배우는 시간을 가졌다. 서점에 나와 있는 성경 공과 교재들을 섭렵하여 아이와 즐겁게 공부할 수 있는 교재로 매일 꾸준하게 그 시간을 일궈나갔다.

덕분에 아이들은 말씀에 대한 궁금증들로 더 알기를 원했고, 무엇을 하든 말씀을 인용하며 노는 아이들이 신기하고 감사했다. 특히 암송하고 있는 말씀들을 잘 기억하게 하기 위해 항상 말씀과 관련된 놀이를 만들어보기도 했다.

조이가 일곱 살 때 마태복음 1장을 암송했다. 그런데 예수님의 계보를 외운다는 게 쉬운 일이 아니었다. 아이의 기억을 돕고 싶어

계보에 나오는 이름들을 카드로 만들어주었고 암송하는 말씀 순서대로 맞추는 놀이를 했다. 시간이 한참 지나 다시 그 카드를 꺼내 글자가 보이지 않게 뒤집어놓고는 한 사람씩 돌아가며 카드를 한 장씩 뒤집는 게임을 했다. 그래서 카드를 뒤집어 늦게 태어난 사람이 나오는 사람이 이기는 게임을 했다. 만약 카드에 '예수님'이 나오면 승자가 되는 것이다. 이런 식으로 계보를 다 외우는 아이를 보며 참 뿌듯하고 감사했다.

어느 날은 암송을 끝내고 작은 교구들을 통해 무언가 열심히 만들고 있는 아이를 보았다. 가만히 지켜 보니 아이가 만들고 있는 게 로켓 우주선 같아 보였다. 가르쳐주지 않았는데도 제법 이것저것 만드는 게 신기했다. 삼각형을 이용해 별을 만들어놓은 게 신기해서 조이에게 물었다.

"조이야! 뭐 만들어?"

"우주선이에요!"

나는 별 모양을 가리키며 물었다.

"이건 뭐야?"

"주님의 손가락으로 만드신 주의 하늘과 달과 별들이에요. 정말 멋지죠?"

"우와, 정말 멋지구나! 주께서 베풀어두신 달과 별들을 내가 보오니."

"네, 시편 8편이에요."

조이는 함박웃음을 지어 보였다. 말씀을 인용하면서 노는 모습에 나는 주께 감사하지 않을 수 없었다. 말씀의 프리즘으로 모든 것을 바라보고 생각하는 아이들이 되기를 소망했다.

"우리 퀴즈해요."

조이가 자주 하는 말이다. 성경적인 지식이 하나 둘씩 쌓이면서 언제부턴가 조이가 퀴즈를 내기 시작했다. 그리고 아빠 엄마에게도 돌아가면서 퀴즈를 내달라고 했다. 차 안에서 심심하다 싶으면 퀴즈 시간을 가졌다.

조이가 퀴즈를 내던 날이었다. 처음에는 아이들이 쉽게 풀 수 있는 문제들을 냈다. 그래서 온유도 적극 동참해서 정답을 맞혔다.

"아담과 하와에게 선악과를 먹으라고 한 동물은 무엇일까요?"

"예수님을 판 제자는 누구일까요?"

그런데 약간 난이도가 있는 질문을 하자 온유는 동문서답을 하기 시작했다. 정답을 알고 있는 아빠는 일부러 모른 척 하며 정답을 피해 대답을 했다. 아빠처럼 엄마도 모를까 싶어서 문제를 내던 조이는 내게 몰래 힌트를 줬다. 정답을 맞히길 바라는 조이의 응원에 나만 모든 정답을 맞혔다. 그러자 아빠가 군대에서 받았던 금메달을 목에 걸어주며 시상을 했다.

"오늘의 퀴즈왕은 엄마입니다."

올림픽에서 금메달이라도 받은 양 나는 목에 걸어준 메달을 살짝 깨물고 브이(V)를 그리며 기쁨의 미소를 지어 보였다. 시상식이 끝나자 조이는 본격적으로 별 다섯 개의 난이도가 높은 문제를 내기 시작했다.

"아비야의 아들은 누구일까요?"

"엥? 누구?"

"왜 르호보암의 아들 아비야 있잖아요."

"미안해. 엄마가 거기까지는 잘 생각이 안 난다."

"아비야의 아들은 아사이고, 르호보암은 솔로몬의 아들이에요. 엄마는 몰랐어요?"

"아~, 아비야의 아들이 아사였구나."

조이는 한동안 파워바이블을 마르고 닳도록 보더니 계보까지 꿰고 있었다. 나도 이에 질세라 반격이라도 해야겠다 싶어서 조이에게 질문했다.

"예수님의 열 두 제자는 누구일까요?"

"베드로, 안드레, 마태, 빌립, 시몬, 다대오, 도마, 바돌로매, 사도 요한, 야고보…, 지금까지 몇 명 했어요?"

내가 조이에게 졌다.

한번은 "엄마, 웃시야랑 히스기야랑 누가 더 하나님을 잘 믿었어요?" 하고 물어봐서 심상치 않다 생각했는데 조이는 갈수록 등줄기에 땀이 맺히는 퀴즈를 내고 있었다.

난 아무리 들여다봐도 기억하기 어려운 계보를 어찌 그리 잘 알고 있는지 하나님께서 암송의 능력과 지혜를 주시는 것 같다. 불시에 아이들이 별 다섯 개짜리 퀴즈를 낼지 모르기 때문에 나는 늘 긴장하고 깨어 있어야 하지만 성경 골든벨을 울리는 아이들이 고마울 따름이다.

최근에는 웨스트민스터 소요리문답을 쉽게 풀이한 핵심 교리를 함께 공부하고 있는데 지루해 할 거라는 예상과 달리 기쁘고 재밌게 배우고 있어 일단은 성공이다. 나는 아이들의 성경 과외 교사를 자처하며 다양한 방법으로 공부해오고 있기에 아이들이 하나님을 알고 주님께 더 가까이 나아가며 올바른 성경적 세계관을 가졌으면 좋겠다.

또한 오직 말씀만이 불변하는 진리이기에 말씀의 프리즘으로 세상을 바라보고 신행일치의 삶으로 하나님을 사랑하고 이웃을 섬기는 예수님의 참 제자가 되기를 바라며 진리의 기둥과 터 위에 굳건히 서 가기를 소망한다.

미디어라는 보육기관

남편의 권유로 유튜브(youtube)에 올라온 한 영상을 본 적이 있다. 미디어가 주는, 특히 디즈니 만화 내용이 얼마나 말씀에 위배됐는지를 낱낱이 밝혀주는 영상이었다. 한 시간짜리 동영상을 보면서 그동안 알고 있으면서도 놓쳤던 부분들을 깨닫게 되었고, 또 몰랐던 부분들을 새롭게 알게 되었다. 월트디즈니사에서 만든 수많은 영화와 특히 애니메이션 등에 드러나는 내용들은 지극히 말씀에 위배되며 말씀대로 살지 못하도록 강조하고 있다.

어떤 질서와 규칙을 따르는 게 아니라 자신의 마음을 따르라는 내용이 반복된다. 참으로 위험한 발상이 아닐 수 없다. 하나님께서는 우리가 따라야 할 명령과 규례를 주셨는데, 규칙을 지키지 않는 것이 자유로운 세상이라는 것을 알려주는 대사들이 수도 없이 나온다. 하지만 말씀은 정확하고 변하지 않는다. 불변하는 진리일 뿐이다.

내가 율법이나 선지자를 폐하러 온 줄로 생각하지 말라 폐하러 온 것이 아니요 완전하게 하려 함이라 마 5:17

유혹적인 여성상이 아름다운 여성의 기준인 것처럼 말한다. 사랑은 충동적이고 아름다움에 기초를 둔다는 사상을 수도 없이 심어주고 있다. 감정과 마음을 따르라는 가장 위험한 발언을 아끼지 않는다. 이런 영상을 보는 아이들의 눈과 마음은 어떠할까. 그리고 이런 영상을 통해 아이들에게 심겨지는 여성상과 사랑의 기준은 어떠할까.

이것이 너를 지켜 악한 여인에게, 이방 여인의 혀로 호리는 말에 빠지지

않게 하리라 네 마음에 그의 아름다움을 탐하지 말며 그 눈꺼풀에 홀리지 말라 음녀로 말미암아 사람이 한 조각 떡만 남게 됨이며 음란한 여인은 귀한 생명을 사냥함이니라 잠 6:24-26

뿐만 아니라 수많은 정령과 사탄과 마귀를 마치 구세주인 양 구원자로서 높이 평가하는 내용이 즐비하다. 알게 모르게 어린아이들의 마음에 나쁜 것들을 심어주고 있다.

너희는 신접한 자와 박수를 믿지 말며 그들을 추종하여 스스로 더럽히지 말라 나는 너희 하나님 여호와이니라 레 19:31

요즘은 아이들 키우는 게 여간 어렵지 않아 보인다. 유모차에 앉힌 아이들 눈앞에는 항상 스마트폰이나 컴퓨터가 놓여 있고 수많은 애니메이션들이 쉴 새 없이 움직이며 아이들의 눈과 마음을 사로잡는다. 아이들은 미디어라는 보육기관에 맡겨진 채 끊임없는 미디어의 세계로 빠져들기 때문에 엄마의 도움도 사랑도 필요 없다.

잠깐의 여유를 위해 혹은 편하다는 이유로 우리 아이들을 미디어에 맡기는 엄마들이 얼마나 많은지 모른다. 눈에 보이지는 않더라도 그 안에 온갖 범죄와 유혹과 죄악이 우리 아이들의 마음을 유괴하고 있다. 순수해 보이고 꿈을 심어줄 것 같은 수많은 어린이 영화도 말씀의 기준으로 볼 때 해악이 되는 게 너무 많다. 유아용 교육

미디어도 결코 안전하지는 않다.

엄마가 옆에 앉아서 일일이 잘못되고 그릇된 것들을 알려주고 말씀의 기준들을 가르쳐주지 않은 채 미디어에 아이들만 맡겨둔다면, 섬뜩하게 생긴 유괴범에게 "내 아이를 잠깐 맡아주세요" 하고 맡기는 것과 같다. 수많은 범죄의 꼬리표를 달고 있는 흉악범이 운영하는 어린이집에 보내는 것과 다를 바가 없다.

이 시대를 살아가고 있는 엄마가 분별하고 말씀의 기준 위에 바로 서야 할 때이다. 그동안 엄마의 분별 레이더가 작동하지 않아 아이들이 무방비로 노출되었을 여러 부분을 다시 살피며 재정비에 나섰다. 하나님께서는 이 세대를 본받지 말고 그분의 뜻을 분별하라신다. 우리의 기준은 세상도 아니고 엄친아도 아니고 가족과 친구도 아닌 말씀이 되어야 한다.

혼탁한 이 세상에서 나를 포함한 모든 엄마들에게 분별의 영을 허락하시어 하나님의 선하시고 기뻐하시고 온전하신 뜻이 무엇인지 깨닫게 하시고 온전한 말씀의 기준이 서게 하시어 맡겨주신 자녀들을 말씀의 반석 위에 세우기를 간절히 기도한다.

내가 기도하노라 너희 사랑을 지식과 모든 총명으로 점점 더 풍성하게 하사 너희로 지극히 선한 것을 분별하며 또 진실하여 허물없이 그리스도의 날까지 이르고 예수 그리스도로 말미암아 의의 열매가 가득하여 하나님의 영광과 찬송이 되기를 원하노라 빌 1:9-11

하나님의 성품 흘러보내기

2012년 2월부터 우리 가정에서 시행하고 있는 프로젝트가 있다. 뭔가 거창해 보이지만 실은 아이들을 대하는 우리의 태도를 바꾸고 성령의 언어를 쓰자는 의미로 남편과 함께 시행하게 되었다. 아이들이 서로 다투거나 분쟁이 있을 때 "형제를 사랑하여 서로 우애하고 존경하기를 서로 먼저 하며"(롬 12:10)라는 말씀을 암송하게 하고 서로 안아주고 축복하고 기도하게 했다. 어느 날 남편이 이런 제안을 했다.

"로마서 말씀을 아이들에게만 적용할 게 아니라 주 안에서 한 형제인 아이들을 대하는 우리의 모습에 적용하는 게 어떨까 싶어요."

여전히 부족하고 연약한 부모인지라 아이들에게 혈기와 분노의 모습을 보일 때도 있다. 이것을 남편과 함께 반성하고 회개하며 우리의 태도를 바꾸고자 하는 프로젝트에 돌입했다. 아이들을 존중하고 사랑하는 모습의 본을 보이고자 우리 부부가 고치고 더 노력해야 하는 부분들을 말씀과 함께 써서 만들었다. 그리고 주방과 아이들 방 입구에 붙이고 수시로 보면서 노력하기로 했다.

🌿 마음 다해 안아주고 사랑 표현하기

그리스도께서 너희를 사랑하신 것같이 너희도 사랑 가운데서 행하라 그는 우리를 위하여 자신을 버리사 향기로운 제물과 희생제물로 하나님께 드리셨느니라 엡 5:2

🍃 성령의 말, 생명의 말, 축복의 말 하기

모든 지킬 만한 것 중에 더욱 네 마음을 지키라 생명의 근원이 이에서
남이니라 구부러진 말을 네 입에서 버리며 비뚤어진 말을 네 입술에서
멀리 하라 잠 4:23,24

🍃 꾸지람 하지 않기

또 아비들아 너희 자녀를 노엽게 하지 말고 오직 주의 교훈과 훈계로
양육하라 엡 6:4

붙여놓은 표를 수시로 보면서 아이들에게 그전보다 더 조심스럽
게 행동하는 우리 부부의 모습을 보게 됐다. 프로젝트를 시작하고
며칠이 지난 어느 날, 아이들에게 물었다.

"얘들아, 아빠와 엄마가 너희들을 대하는 태도를 바꾸려고 노력
하고 있는데, 어떤 것이 달라진 것 같니?"

아이들은 이런저런 달라진 점을 이야기했다. 그중에 조이의 대답
으로 우리 부부는 박장대소를 하고 말았다.

"아빠, 엄마 목소리가 고요해졌어요!"

아이의 고요해졌다는 표현에 남편과 나는 웃지 않을 수 없었다.
그러다 갑자기 그전의 내 목소리가 어땠는지 궁금해서 아이들에게
물었다.

"그전에 엄마 목소리가 어땠는데?"

"엄마 목소리는 엄청 팔팔했어요."

아이의 그 말에 과거 내 모습이 스쳐 지나갔다. 아들 둘을 키우면서 굵어진 팔뚝과 함께 팔팔한 목소리는 기본으로 갖게 된다. 아마 사내아이를 키워본 엄마라면 내 말에 공감할 것이다. 나도 가녀린 팔과 상냥하고 부드러운 엄마이고 싶을 때가 많다. 그래도 팔팔하고 씩씩한 엄마 옆에서 예쁘게 잘 자라주는 아이들이 감사할 뿐이었다.

내 소유물이 아닌 주님의 존귀한 아이들이기에 주 안에서 한 형제요 자매로서 서로 사랑하며 우애 있게 존경하기를 바란다. 엄마로서 몸소 보이며 실천하기로 결정했다. 청지기로 맡겨주신 사명 가운데 존귀한 주님의 자녀들에게 하나님의 아름다운 성품을 흘려보낼 수 있는 부모가 되리라.

어쩌면 무의식 속에서 이미 익숙해져버린 엄마의 팔팔함이기에 그것이 고요함으로 바뀌기까지 많은 시간이 필요하겠지만 이 프로젝트를 무사히 잘 마쳐서 하나님의 사랑을 흘려보내는 부모, 아이들의 고요한 엄마로 거듭나리라고 다짐했다.

72 가정과 나눈 부활의 기쁨

해마다 부활절이 되면 아이들과 함께 달걀을 꾸미는 시간을 가진다. 부활의 주님을 함께 기뻐하며 만드는데 몇 해 전까지만 해도 교회 전도사님과 선생님 그리고 친구들과 특별한 사람에게 나눠줄 달걀만 꾸몄고, 간혹 전해드릴 분들이 생각나면 추가로 만들곤 했다. 그런데 두 해 전부터는 특별한 계획을 세워서 만들었다. 근처 교회에서 달걀을 만들어 전도하던 분들의 모습이 떠올라 우리도 주변 이웃들에게 부활의 기쁨을 함께 나누기로 한 것이다.

우리가 사는 동의 아파트 가구 수가 72가구여서 아이들과 그만큼의 달걀을 꾸몄다. 달걀에 스티커를 붙여 꾸미기도 하고, 예쁘고 귀여운 얼굴을 그려 넣기도 했다. 예쁘게 꾸민 달걀은 알록달록 예쁜 봉투에 하나씩 담아 포장했다. 그러고는 봉투에 간단한 메시지를 써넣었다.

'부활의 기쁨을 나누고자 아이들과 함께 만들어 봤어요. 구운 계란이니 안심하시고 맛있게 드세요. 예수님 믿고 천국의 기쁨 누리시길 축복합니다.'

아이들과 달걀을 꾸미며 함께 기도했다. 비록 우리는 달걀을 전하지만 받는 사람들이 마음에 부활의 예수님을 모시고 천국의 기쁨을 누리시길 기도하며 손을 모았다. 작은 손으로 사랑을 담아 만든 달걀이 박스 가득 채워졌다. 오랜 시간의 작업으로 아이들이 힘들어하긴 했지만 중간 중간 깨진 달걀을 까먹는 재미가 쏠쏠했기에 즐겁게 끝까지 해냈다.

아이들과 포장한 달걀을 카트에 싣고 맨 꼭대기 층부터 돌기 시작했다. 일일이 초인종을 눌러 직접 전해드렸으면 좋았겠지만 서로

가 부담이 될 것 같아 그냥 문 앞에 걸어두는 것으로 미션을 시작했다.

사랑이는 오빠들에게 달걀 바구니를 하나씩 나눠주고, 두 오빠는 그것을 전해 받아 문 손잡이에 걸어두기 시작했다. 은밀한 작전이 진행되고 있을 때 사람이 갑자기 나오거나 엘리베이터 문이 열리면 당황하기도 했지만 민첩하고 꼼꼼하게 임무를 완수했다.

아이들이 서로 합력하여 선을 이루는 모습이 참 기특하고 아름다웠다. 집 앞에 교회 문패가 있는 집을 발견하면 '예수님 믿는 집'이라며 아이들이 기뻐했다. 맨 꼭대기 층에서 한 층씩 내려가면서 1층까지 임무를 끝내고 뿌듯해하던 아이들의 표정을 지금도 잊을 수가 없다. 뭔가 해냈다는 기쁨이 가득한 모습에서 예수님의 사랑을 느낄 수 있었다.

그렇게 부활의 기쁨을 나누고 돌아와 삼 남매는 또다시 달걀 꾸미기에 나섰다. 교회 선생님께 드릴 달걀과 콘테스트에 낼 달걀 때문이었다. 조이는 콘테스트에 낼 달걀의 디자인을 미리 그려서 보여주었다. 틀을 만드는 기초 작업만 내게 부탁하고 나머지는 혼자 꾸몄다. 성전에서 부활하신 예수님과 함께 예배를 드리고 나와서 기념 촬영하는 장면을 연출한 거라고 자신의 작품을 설명했다. 조이의 출품작은 유년부에서 3등을 했고, 상금으로 2천 원을 받았다. 조이는 자신의 소신대로 상금을 헌금으로 드렸다.

오후 1시 반에 시작되었던 작업이 거의 저녁 6시가 되어서야 끝이

났다. 힘들었지만 아이들과 부활의 주님을 기념하고 기억하며 함께한 시간들은 행복과 기쁨의 시간이었다. 부활의 주님과 천국의 소망이 있기에 주의 은혜로 살아갈 수 있음에 감사했다. 아직은 아이들이 부활의 참 의미와 기쁨을 다 알 수 없겠지만, 언젠가 이 아이들이 인격적으로 예수님을 만나는 날에는 하늘의 영광을 버리고 이 땅에 오셨던 예수님의 은혜에 감격하며 부활의 기쁨과 소망을 누리게 될 줄 믿는다.

미리 크리스마스

12월이 되면 온 거리나 교회가 크리스마스 분위기로 새 옷을 입는다. 물론 세상은 캐럴이나 산타로 예수님의 생일인 성탄절의 의미를 잊은 듯하지만 우리의 마음에는 여전히 예수님의 탄생을 기뻐하고 기대하는 마음이 있다. 그래서 이 시간이 기대되고 설렌다.

매년 우리 집에는 크리스마스가 조금 일찍 찾아온다. 12월에 잠깐 트리를 장식하고 지나가는 시간이 늘 아쉬워서 11월 초부터 트리 장식을 하기에 그렇다. 불교에서는 부처의 탄생일 전후로 연등 행사 등 여러 행사를 하는 데 반해서 기독교의 중요한 명절인 성탄절은 예수님의 탄생과는 상관없는 산타가 오는 날이나 연인과 선물을 주고받는 날로 인식이 되어서 진정한 성탄의 의미를 찾아볼 수 없어 늘 안타깝고 속상했다. 우리 예수님 왕이 나셨는데 왜 자기네들이 선물을 주고받으며 기뻐하는지 도통 이해할 수 없지만 우리만이라도 하늘의 영광을 버리고 낮고 낮은 이 땅에 오신 예수님의 생일을 축하하고 기대하며 기뻐하기로 했다.

아이들과 함께 정성껏 트리를 장식하고 점등식을 가졌다. 아기 예수님께 선물을 드릴 거라며 두 형제가 자기들이 아끼는 물건들을 포장해서 트리 밑에 놓았다. 트리에 반짝반짝 불이 켜지자 사랑이가 함박웃음을 띠며 박수를 치고 행복해했다. 트리에 장식을 하면서 양말을 걸던 온유가 조이에게 물었다.

"형아, 크리스마스에 산타 할아버지가 여기에 선물을 넣어주지? 형아는 뭐 넣어달라고 할거야?"

"온유야, 산타 할아버지는 없어. 사람들이 만들어낸 이야기야. 그러니까 선물도 줄 수 없어. 선물은 엄마, 아빠가 몰래 가져다 넣으시는 거야."

"알아. 그냥 그렇게 이야기해본 거야. 예수님 생신인 거 나도 다 알아."

아이들의 대화를 들으며 일찌감치 산타의 존재에 대한 환상을 깨뜨려 동심을 빼앗은 것은 아닌가 조금 미안했다. 그렇다고 산타의 존재를 믿게 할 수는 없었다. 아이들이 아무 생각 없이 〈울면 안 돼〉라는 캐럴을 부르며 산타 할아버지를 누가 착한 애인지 나쁜 애인지 알고 있으며 짜증날 때 장난할 때도 모든 것을 알고 계시는 전지전능한 할아버지로 알게 하고 싶지 않았다. 산타는 산타일 뿐이다. 그 이상도 그 이하도 아무런 의미가 없다. 성탄절은 산타도 루돌프도 아닌 오직 예수님이 주인공이 되시는 날이기에 그런 동심과 환상이 없어도 사는 데는 아무 문제가 없다고 생각했고, 또 문제도 없었다.

하늘의 영광을 버리고 이 땅에 오신 예수님, 작고 작은 말구유의 비천한 자리로 오셔서 우리를 구원해주신 놀라운 이름 예수님, 오직 그분을 기뻐하고 그분의 탄생을 축하하고 감사하는 날이 성탄절이기에 이날은 그 누구의 생일잔치보다 성대하고 멋지고 아름답게 치러져야 한다.

아들을 낳으리니 이름을 예수라 하라 이는 그가 자기 백성을 그들의 죄에서 구원할 자이심이라 하니라 마 1:21

교회에서 드리는 성탄예배와 더불어 아이들과 함께 케이크에 불을 켜고 예수님의 생일을 진심으로 기뻐하며 축하하는 가정예배의 시간도 참 감사하고 행복했다. 트리를 미리 준비하면서 우리의 마음도 아기 예수님을 기다리는 것에 집중이 되었다. 매일 저녁 트리에 점등을 하고 가정예배를 드리며 마태복음 1장 23절 말씀과 누가복음 2장 14절 말씀을 함께 암송하고 아기 예수님의 탄생을 기쁨으로 기다리며 성탄 찬양을 맘껏 부르는 시간이 되었다.

보라 처녀가 잉태하여 아들을 낳을 것이요 그의 이름은 임마누엘이라 하리라 하셨으니 이를 번역한즉 하나님이 우리와 함께 계시다 함이라

마 1:23

지극히 높은 곳에서는 하나님께 영광이요 땅에서는 하나님이 기뻐하신 사람들 중에 평화로다 하니라 눅 2:14

이번 성탄절에는 온유의 인도로 성탄 가정예배를 드렸는데 어느 때보다 은혜롭고 감사한 시간이었다. 온유는 세상 사람들이 산타를 기다리는 게 아니라 예수님을 기다리고, 산타를 좋아하지 않고 하나님과 예수님, 성령님을 좋아하고 기뻐 찬양하며, 우리 가족이 예수님께 예배드리는 것처럼 모든 가족이 예수님을 믿을 수 있도록 기도하자고 제안했다.

또 이 세상의 배고프고 굶주린 사람들을 위해서 그리고 그 사람들이 예수님을 만나게 해달라는 온유의 기도로 더욱 풍성한 성탄예배를 드릴 수 있었다. 생일 축하 노래를 부르고 성탄 축하 찬양을 부르며 주님께 예배드리는 시간은 아이들의 기억에 영원히 남는 크리스마스가 될 것이다. 하늘엔 영광 땅엔 평화! 할렐루야!

주 안에서 발 씻기기

2012년 여름에 참가했던 303비전 암송학교 가족캠프에서 인상적이고 감사하고 감격한 시간이 있었다. 주 안에서 서로의 발을 씻겨주는 시간이었다. 프로그램에 참석하여 이 미션을 듣는 순간 가슴이 뭉클하여 눈물부터 고였다. 예수님이 행하셨던 섬김의 모습과 함께 아름다운 가정의 모습들이 지나가며 내 심장을 두드렸다. 그동안 생각만 하고 행하지 못한 일이었는데 이번 캠프를 통해 실천할 수 있게 하심이 감사했다.

구체적인 방법들을 설명해주실 때 가슴이 벅차서 눈물이 마르지 않았다. 자녀들을 예수님의 참 제자로 세우기 위해서는 가정이 먼저 아름답게 세워져야 하기에, 이 시대에 정말 필요한 미션이라는 생각이 들었다. 모든 일정이 끝나고 각자의 숙소로 돌아와 암송가정예배를 드리기 전에 주 안에서 발 씻는 시간을 가졌다. 먼저 아이들에게 주 안에서 발 씻기를 행하는 이유에 대해 설명했다. 하나님께서 우리 가정의 주인이 되시며 우리 가정을 인도해주시는 분이심을 고백하고, 지금 당장은 모든 것을 이해하지 못할지라도 나중에 하나님께서 알게 해주신다는 것도 말해주었다.

저녁 잡수시던 자리에서 일어나 겉옷을 벗고 수건을 가져다가 허리에 두르시고 이에 대야에 물을 떠서 제자들의 발을 씻으시고 그 두르신 수건으로 닦기를 시작하여 시몬 베드로에게 이르시니 베드로가 이르되 주여

주께서 내 발을 씻으시나이까 예수께서 대답하여 이르시되 내가 하는 것을 네가 지금은 알지 못하나 이 후에는 알리라 요 13:4-7

이 미션에서 가장 먼저 한 것은 '부모님의 발을 씻겨드리기'였다. "주 안에서 엄마에게 순종하겠습니다. 그리고 존경하겠습니다"라고 말하며 순종과 존경하는 마음을 담아 아이들이 돌아가면서 내 발을 씻겨주었다. 나는 아이들의 머리에 손을 얹고 축복의 기도를 해주었는데 예상했던 대로 눈물이 쏟아졌다. 말할 수 없는 감격과 감사와 행복과 기쁨이 한꺼번에 내 마음을 두드렸다. 고사리 같은 손으로 엄마의 웅어리지고 못난 발을 구석구석 닦아주는 손길에 마음이 저려 왔다. 발을 씻겨주는 내내 하나님께서 내게 이런 행복을 허락하심에 감사드렸다.

두 번째는 '부부 간의 발 씻기기'였다. 아내가 먼저 남편의 발을 씻겨주고 나면 남편도 동일한 마음으로 아내의 발을 씻겨주고 축복하는 시간이다. 남편은 캠프에 참석하지 못했기 때문에 이 순서는 넘어갔다. 수고하고 애쓴 남편에게 존경하고 감사하는 마음을 담아 발을 씻겨주고 축복의 말을 전하는 모습을 생각만 해도 가슴이 찡하고 마음이 저려 왔다.

세 번째는 '형제 자매 간의 발 씻기기' 순서였다. 사랑이는 잠이 들어서 두 형제끼리만 이 시간을 가졌다. 사랑과 축복의 말을 담아 "형아, 예수님의 이름으로 사랑해" 하며 온유가 조이의 발을 먼저 씻겨주었다. 뒤이어 조이도 온유의 발을 씻겨주며 사랑과 축복의 말을 나누었다. 처음 하는 일이라 장난도 쳤지만 재미있게 발 씻기는 시간을 가졌다. 두 형제가 행복해하는 모습에 함께 웃고 행복해했다.

마지막으로 '부모가 자녀들의 발을 씻기는 시간'이었다. 예수님의 길을 걷게 될 귀한 발로 거룩한 길을 걸어가며 부모를 딛고 더잘 걸어야 할 자녀들의 발을 씻겨주며 축복하는 귀한 시간이었다. 격려와 힘을 실어주고 축복해주는 시간이 참 귀하고 감사했다. 아이들도 이색적인 미션에 행복감을 감추지 못했다. 말씀이 삶이 되는 가정이 되길 소망하며 감격 속에서 처음 맞이한 아름다운 미션을 끝냈다.

일상으로 돌아와 매일 드리는 예배이지만 토요일에는 조금 특별하게 주 안에서 발 씻기기를 행하려고 노력했다. 냄새나고 더러운발이지만 예수님께서 제자들을 씻겨주셨던 것처럼 정성껏 사랑을 담아 서로를 씻겨주는 이 시간이 얼마나 귀하고 아름다운지 모른다. 이 시간들을 통해 주 안에서 섬기고 배려하고 아끼고 사랑하며더욱 낮아지고 섬기는 아름다운 가정이 되기를 꿈꾼다. 가정이 회복될 때 일어나는 기적들을 믿기에 예수님을 닮아가는 가정으로 세워갈 것이다.

순결 반지

뉴스를 접할 때마다 생각지도 못한 사건들에 입이 다물어지지 않을 때가 많다. 그중에서도 십대들의 범죄는 이 세대가 얼마나 악해져 가는지를 잘 보여준다. 끔찍한 죄를 짓는 나이는 점점 어려지고, 예측도 할 수 없는 범죄가 벌어지고 있는 이 세상에 우리는 살아가고 있다.

범죄의 양상과 더불어 세간에 퍼진 결혼관이나 연애관을 보면 한숨부터 나온다. 혼전 성관계가 당연시되고 거리낌 없이 남녀가 동거하고, 연예인들은 혼전에 임신한 것을 필수 혼수품이라며 부끄러워하기는커녕 자랑처럼 말하고 있다. 그런 모습을 보며 기뻐하고 동조하는 사람들을 보면 세상의 생각과 사고가 끝자락에 온 것만 같다.

이런 모습을 보며 자라는 청소년들이 성적 순결에 대해 무감각해질 뿐 아니라 성적 무질서 앞에서 오히려 당당하고 범죄로 이어지는 일들이 다반사로 일어나고 있다. 이런 인간들의 모습을 보시며 하나님께서 얼마나 애통해하시고 슬픔 가운데 계실지 모르겠다. 안타까운 것은 많은 크리스천들도 이런 죄악에 노출되고 있다는 것이다. 하나님의 자녀로 살아가는 우리는 거룩함과 정결함과 순결함을 지켜야 한다. 세상의 기준이 아닌 말씀이 기준이 되는 삶이어야 한다.

음행을 피하라 사람이 범하는 죄마다 몸 밖에 있거니와 음행하는 자는 자기 몸에 죄를 범하느니라 너희 몸은 너희가 하나님께로부터 받은 바 너희 가운데 계신 성령의 전인 줄을 알지 못하느냐 너희는 너희 자신의 것이 아니라 고전 6:18,19

이 말씀을 묵상하면서 아이들에게 해야 할 성교육과 하나님께서 허락하신 우리의 몸을 어떻게 거룩하고 성결하게 지켜야 하는지 가르치고 또 가르쳐야 함을 깨달았다.

성(性)은 하나님께서 부부에게 주신 가장 큰 축복 중에 하나이기도 하지만 잘못 사용할 경우에는 우리를 가장 밑바닥까지 끌고 내려갈 수 있는 죄의 도구가 되기도 한다. 그렇기에 성은 아름답고 성결하게 지키기 위해 노력해야 한다. 성경에서도 다른 모든 죄에서는 싸워 승리할 것을 말씀하시는 반면 성적 유혹에 대해서는 피하라고 말씀하신다. 더욱이 참을 수 없으면 빨리 결혼하라고 할 만큼 싸워 이길 대상이 아니다.

앞으로 사춘기를 겪고 청년이 되고 이성에 눈을 뜨고 사랑을 하게 될 우리 아이들인데, 이 아이들이 하나님의 몸 된 성전을 아끼고 보호하며 또 사랑하는 사람을 지켜주고 자신도 지킬 수 있어야 한다. 그것을 지킬 수 있는 힘은 오직 말씀밖에 없다.

온갖 미혹과 유혹이 난무하는 세상에서 살아가는 아이들이 변장하고 포장되어 오는 죄악 앞에서 살아남을 수 있는 길은 오직 말씀

뿐이다. 말씀을 통해 세상을 바라봐야 죄와 선이 무엇인지 분명히 깨달을 수 있다.

청년이 무엇으로 그의 행실을 깨끗하게 하리이까 주의 말씀만 지킬 따름이니이다 시 119:9

아이들에게 말씀을 먹이며 함께 묵상할 때마다 말씀을 깨닫게 해 주시고 성령의 능력을 나타내주시길 기도하고 있다. 아이들이 성장하면 그때에 맞는 성교육을 말씀 가운데 하겠지만 여러 가지 의미를 담아 아이들이 성년이 되는 날에 순결 반지를 만들어 끼워줄 생각이다. 물론 반지가 순결을 보호해주는 장치는 아니지만 순결의 의미를 생각하면서 자신과의 약속, 하나님과의 약속을 상기시켜 주고 싶어서이다. 그리고 하나님께서 배우자를 허락하셨을 때 그 반지를 예쁜 보관함에 넣어 배우자에게 선물하길 기대한다.

그러므로 형제들아 내가 하나님의 모든 자비하심으로 너희를 권하노니 너희 몸을 하나님이 기뻐하시는 거룩한 산 제물로 드리라 이는 너희가 드릴 영적 예배니라 롬 12:1

음식은 배를 위하여 있고 배는 음식을 위하여 있으나 하나님은 이것저것을 다 폐하시리라 몸은 음란을 위하여 있지 않고 오직 주를 위하여 있으

며 주는 몸을 위하여 계시느니라 고전 6:13

세상은 다른 사람들처럼 해도 된다고 말한다. 많은 사람들이 그렇게 살고 있고 아무런 문제가 되지 않는다고 속삭인다. 하지만 이 속임에 속지 않고 깨어 있어야 함은 우리의 몸은 우리의 것이 아니기 때문이다.

우리는 아이들이 로마서 12장 1,2절 말씀처럼 우리의 몸을 하나님이 기뻐하시는 거룩한 산 제물로 드려야 하며 이 세대를 본받지 말고 오직 마음을 새롭게 함으로 변화를 받아 하나님의 선하시고 기뻐하시고 온전하신 뜻이 무엇인지 분별하는 사람으로 자라도록 해야 한다.

chapter 9

말씀의 기적이 있는 가정

살아 역사하시는 말씀

태초에 말씀이 계시니라 이 말씀이 하나님과 함께 계셨으니 이 말씀은 곧 하나님이시니라 요 1:1

말씀이신 하나님을 내 안에 모시고 산다는 게 얼마나 큰 은혜이고 축복인지 모른다. 시시때때로 성령을 통해 진리의 길을 갈 수 있도록 말씀으로 조명해주시고, 살아 계신 말씀을 통해 위로와 평안을 선물로 주시기도 한다. 하나님께서는 말씀을 심는 우리 가정에 하나님의 살아 계심과 말씀의 능력이 있음을 알게 해주셨다. 수많은 은혜와 축복들이 있었지만 그중 능력의 말씀이 선포될 때 일어나는 기적 같은 일들을 보이시며 친히 살아 계심을 나타내주셨다.

말씀이 육신이 되어 우리 가운데 거하시매 우리가 그의 영광을 보니 아버지의 독생자의 영광이요 은혜와 진리가 충만하더라 요 1:14

하나님의 말씀은 지금도 살아 역사하신다. 필요한 곳에 이적과 기적을 보이시며 하나님의 능력을 나타내기도 하신다. 예수님께서 광야에서 사탄의 시험을 받으셨을 때 말씀으로 능히 이기셨고 병든 자와 귀신 들린 자를 고치시며 죽은 자들까지도 살리셨다. 하나님의 말씀을 신뢰하고 믿을 때 그분께서 놀라운 일들을 행하시고 이루시는 것을 볼 수 있다.

마음과 생각과 뜻을 판단하시는 살아 계신 하나님의 말씀이 우리 삶의 모든 영역에 선포될 때 말씀의 능력과 은혜를 경험하게 될 것이다. 말씀의 능력은 전적으로 하나님이 그분의 나라를 드러내시기 위함이다. 말씀이 우리의 소원을 이루기 위한 목적이나 방법으로 퇴색되어서는 안 된다. 하나님이 하시는 모든 능력 위에 주님의 나라와 영광만이 드러날 뿐임을 기억하며 감사해야 한다.

하나님의 말씀은 살아 있고 활력이 있어 좌우에 날선 어떤 검보다도 예리하여 혼과 영과 및 관절과 골수를 찔러 쪼개기까지 하며 또 마음의 생

각과 뜻을 판단하나니 지으신 것이 하나도 그 앞에 나타나지 않음이 없고 우리의 결산을 받으실 이의 눈앞에 만물이 벌거벗은 것같이 드러나느니라 히 4:12,13

첫 번째 책 《말씀 심는 엄마》가 출간된 2009년 4월 10일, 주기적으로 찾아오는 복통의 원인을 찾아내기 위해 내과를 찾았다. 실은 그 전날에 잠을 거의 자지 못했다. 한 알로 시작되었던 진통제는 네 알을 먹었는데도 소용없었고, 당시는 남편과 주말부부로 지내며 두 아이를 혼자 양육하고 있을 때라 복통을 호소하며 남편에게 전화를 했지만 모든 차편이 끊어진 늦은 시간인 터라 남편도 올 수가 없었다. 119구급차의 도움을 받으려고 했지만 환자는 데려갈 수 있지만 아이들은 돌봐줄 수는 없다는 답변에 아픈 배를 부여잡고 날이 새기만을 기다렸다.

가까스로 오게 된 남편의 도움을 받아 내과를 찾았고 장 쪽에 문제가 있으리라는 내 생각과는 달리 자궁에 3.5센티미터의 근종이 있다고 했다. 근종이 장을 눌러 통증이 왔을 수도 있다는 이야기를 듣고 출간에 대한 기쁨 대신에 근심이 앞섰다. 셋째 아이를 기도로 준비하며 소망하고 있는 우리에게는 날벼락 같은 소식이었다.

나는 나 자신을 볼 때 이기적일 때가 많아서 아프면 내 생각부터 할 줄 알았는데 오히려 아이들과 남편 생각에 마음이 더 무거웠다. 더구나 셋째를 갖지 못하면 어쩌나 하는 마음에 불안하기까지 했다. 하지만 하나님께서 치료해주실 거라는 믿음으로 좀 더 겸손하게 기도하자며 아이들과 함께 손을 모았다.

그때는 마침 고난주간이었다. 예수님의 고난에 동참한다는 게 어떤 것인지 잠시나마 느낄 수 있는 시간이었다. 고난주간 새벽예배 때, 내 죄를 담당하시고 친히 채찍에 맞아주심으로 의에 대해 살게 해주신다는 목사님의 말씀을 통해 이미 내 질병이 나음을 받았다는 확신이 들었다.

"너희는 나음을 받았나니, 나음을 받았나니, 할렐루야!"

매일 가정예배 시간에 아이들과 함께 내 배에 손을 얹고 예수님의 보혈의 능력을 의지해 이 말씀을 선포했다. 치유의 하나님을 간절히 바라며….

친히 나무에 달려 그 몸으로 우리 죄를 담당하셨으니 이는 우리로 죄에 대하여 죽고 의에 대하여 살게 하려 하심이라 그가 채찍에 맞음으로 너희는 나음을 얻었나니 벧전 2:24

부인과 진료를 정확히 받고 치료받기 위해 둘째 아이를 출산했던 병원으로 가려 했다. 그 순간에 평소 존경하는 여운학 장로님께 전화가 왔다. 사정 이야기를 말씀해드렸더니 염려해주시며 처음부터 큰 병원에서 진료 받을 것을 권면해주셨다. 하지만 그 권면에 잠깐 고민을 해야 했다. 만약 수술을 해야 할 경우라든지 최악의 상황을 대비했을 때 그 모든 것을 감당할 수 있는 경제적 환경이 안 되었기에 부담이 되었다.

그러나 분명 합력하여 선을 이루실 하나님의 뜻이 있을 거라는 기대감에 장로님의 뜻에 순종하여 집 가까이에 있는 큰 병원을 찾았다. 워낙 병원도 크고 절차도 많은데다 자궁 근종 특진은 이미 예약이 끝나서 당일 진료는 어렵다고 했다.

그런데 간절한 마음으로 기도하며 그날 꼭 진료를 받아야겠다고 서 있는 나를 보고는 원무과 직원이 여기저기 연락을 했다. 그러더니 "신기한 일이네요. 특진 선생님이 한 분 더 봐주시겠다고 하셨어요"라고 말했다. 할렐루야! 좋은 의사 선생님을 만나 바른 치료 받기를 기도하고 왔는데 하나님께서 예비해주셨다는 것을 확실히 느낄 수 있었다. 암 검사, 세포 검사, 조직 검사, 초음파 검사 등 각종 검사를 하고 결과가 나왔다.

"근종의 위치에 따라 수술 여부가 결정됩니다. 그런데 근종이 자궁 안쪽에 자리잡고 있고 출혈을 보이거나 별 다른 증상이 나타나지 않기 때문에 그냥 놔두어도 상관없을 것 같네요. 6개월 후에 한 번 더 검사해보죠."

별 이상 없다는 선생님의 말씀에 힘입어 조심스레 질문했다.

"셋째를 낳을 수 있을까요?"

"걱정하지 않으셔도 됩니다."

혹시라도 수술을 하면 어쩌나, 자궁에 문제가 있으면 어쩌나 하며 노심초사 했는데 괜찮다는 말을 듣자 감사가 절로 나왔다. 만약 개인 병원에서 같은 결과를 받았더라면 미심쩍어 한 번 더 큰 병원을 방문했을지도 모르겠다. 하지만 특진으로 전문가이신 선생님으로부터 결과를 들으니 더욱 신뢰가 갔다.

진료를 받고 나와 남편과 아이들과 차 안에서 감사기도를 드렸다. 긴장을 너무 한 탓에 몸은 녹초가 되었지만 나를 지키시고 도우시는 하나님의 손길에 감사하고 행복한 하루였다. 그렇게 하루가 지났다.

6개월 후에 보자는 말을 들었지만 근종을 몸 안에 두고 6개월을 기다린다는 게 조금은 찜찜하기도 했다. 건강을 두고 더욱 기도하라는 뜻으로 알고 그리하리라 마음먹으며 예배 시간마다 주님의 치유를 간구했다. 여전히 살아 계신 하나님의 말씀을 선포하면서 기도했다.

그렇게 하루가 또 지나고 부활절 다음날 새벽, 새벽기도를 가기 위해 일어났는데 갑자기 아래에서 미끄덩하게 뭔가 빠지는 느낌이 났다. 너무 놀라 화장실로 달려갔더니 계란 노른자 크기 정도의 덩어리가 나왔다. 나는 남편을 다급하게 불렀다. 이 기이한 덩어리를 보고 나와 남편은 하나님께서 근종을 떨어뜨려 주신 게 분명하다는 결론을 내렸다. 하지만 확인은 해보자 싶어 둘째를 출산했던 산부인과를 찾았다. 근종이 발견된 것부터 해서 큰 병원에서의 진료와 결과를 말씀드리고, 새벽에 떨어져 나온 이상한 덩어리에 대해서 5일간 있었던 일들을 말씀을 드렸다. 그랬더니 말도 안 되는 소리하지 말라고 하셨다. 근종이 그렇게 쉽게 떨어지는 것이면 누가 수술을 하겠냐며 일단 초음파로 확인을 해보자고 하셨다. 여기저기 확인을 하시던 선생님이 말했다.

"근종이 있다는 게 확실해요? 어느 위치였지요?"

초음파 상에서 봤던 위치와 크기를 말했다.

"어~, 이상하네. 그 위치에 아무것도 없는데요."

나도 초음파 화면을 쳐다봤고, 정말 그 위치에 아무것도 보이지 않았다. 의사 선생님은 아무리 자세히 다 살펴봐도 어디에도 근종이 없다고 하셨다.

믿기 어려운 이 일 앞에 어떤 말도 할 수가 없었다. 불과 5일 전에 내과에서 근종이 확인되었고, 또 이틀 후에 큰 병원에서도 확인되었던 근종이 없어지다니 말도 안 되는 이 상황 앞에서 새벽에 떨어져 나온 기이한 덩어리가 근종인 게 확실해졌다. 하지만 의사는 여전히 믿지 못했다. 내가 잘못 알고 있거나 그 병원의 오진으로 생각하는 듯 했다.

나는 하나님께서 하신 이 놀라운 일 앞에 감사와 놀라는 일 밖에 아무것도 할 수 없었다. 한 주간 동안 고난과 부활을 확실하게 몸소 체험할 수 있었다. 남편과 기쁨으로 집으로 돌아와 하나님께서 하신 일에 감사의 예배를 올려드렸다.

놀라운 주님, 치료의 주님! 의술로도 증명할 수 없는 이 놀라운 일 앞에 무슨 말을 더할 수 있겠는가. 주님의 보혈을 의지하며 말씀을 선포하고 기도했던 게 전부였는데 이 모든 과정들이 합력하여 선을 이루신 하나님의 놀라운 섭리였음을 고백하게 되었다.

하나님께서 왜 이런 놀라운 일을 부족한 나와 우리 가정에 행하여 주셨을까. 이유는 단 하나였다. 말씀의 능력이 있음을 알게 하시기 위함임을 깨닫게 해주셨다. 하나님의 말씀을 사모했기에 내 마음과 아이들의 마음에 말씀을 새기는 일들을 지속해왔지만 정작 그 말씀에 능력이 있음을 신뢰하지 못했던 것 같다.

믿는 자들에게는 표적이 따른다 하셨음에도 내겐 겨자씨보다 더 작은 믿음도 없었던 모양이다. 그 부족함을 아시기에 살아 계신 하나님의 말씀의 능력을 알게 해주시려고 하나님의 주권 아래 말씀을 신뢰하고 보혈을 의지하며 아픈 부위에 손을 얹게 하셨고 치유를 경험하게 해주셨다.

진실로 너희에게 이르노니 만일 너희에게 믿음이 겨자씨 한 알 만큼만 있어도 이 산을 명하여 여기서 저기로 옮겨지라 하면 옮겨질 것이요 또 너희가 못할 것이 없으리라 마 17:20

이후 그 어떤 통증이나 증상도 찾아볼 수 없었고, 건강한 가운데 셋째를 잉태할 수 있었다. 믿지 않는 가족들에게 주님이 하신 일들을 간증하며 하나님을 증거할 수 있음에 감사했다.

말씀의 능력으로 승리케 하신
여호와 닛시의 하나님을 찬양합니다.
치료해주신 여호와 라파의 하나님을 찬양합니다.
평안과 위로로 함께해주신
여호와 샬롬의 하나님을 찬양합니다.

치유의 하나님

2011년 6월 중순에 매우 귀한 만남이 있었다. 하와이에서 함께 DTS(예수제자훈련학교) 훈련을 받았던 지은이와의 만남이었다. 원래는 지은이만 만날 예정이었는데 만나기 전날에 연락이 왔다.

그해 가을, 전도사님이신 어머님과 장로님이신 아버님이 DTS 훈련을 위해 미국으로 떠나신다며 그전에 우리 아이들과 함께 만나고 싶어 하신다는 것이다. 그 이야기를 듣고 나는 흔쾌히 수락했다. 다음 날 만남을 앞두고 조이와 온유에게 미리 일러둬야 할 이야기가 있었다.

몇 해 전 지은이 아버님이 불의의 사고를 당하셨다. 장로님께서 퇴근을 하시고 교회에 갓 출석하게 된 성도의 회사를 도우러 가셨는데 그곳에서 폭발 사고가 일어났고 장로님께서는 전신에 큰 화상을 입으시게 된 것이다. 생사를 오가는 큰 수술을 여러 번 하셨고 견디기 힘든 고통 가운데 계셨을 때 지은이의 중보 요청으로 함께 기도하며 아버님의 소식들을 간간이 듣고 있었다.

하나님의 인도하심과 여러 차례의 수술로 많이 건강해지셨고 일상으로 돌아오셔서 간증도 다니신다고 했다. 물론 얼굴과 몸은 예전의 모습을 찾아보기 어렵지만 감사의 삶을 사시는 모습에 참 감사했다. 그런 일이 있으셨던 장로님과의 만남에 조이와 온유에게 장로님의 사고에 대해 이야기해주며 이상하게 보지도 말고 왜 그런지 묻지도 말라고 당부했다. 그때 온유가 물었다.

"불에 탔으면 얼굴이 까매요?"

"아니, 지금은 까맣지는 않으시지만 너희들이 보기에 많이 이상할 수도 있어."

"그럼 많이 아프시니까 내가 기도해드릴래요."

다섯 살짜리 아이가 한 말이라 그냥 그러려니 하고 넘어갔다.

다음날 지은이네 가족을 만났다. 얼마나 반가운지 몇 해 전에 뵈었던 장로님의 얼굴은 알아볼 수 없었지만 그 모든 어려움을 다 이기시고 건강한 모습으로 다시 뵈니 감격이 되어 눈물이 핑 돌았다.

조금은 무서울 법도 한데 내색하지 않고 평소처럼 행동해준 아이들도 고마웠다. 오랜만의 만남에 이런저런 이야기들로 꽃을 피우는 동안 9개월인 사랑이가 장로님과 전도사님께 연신 웃어주며 온갖 애교로 두 분의 마음을 사로잡았다. 사랑이의 미소에 입을 못 다무시는 두 분이 말씀하셨다.

"내가 살다 살다 이렇게 잘 웃는 아이는 처음 본다. 느무 이쁘데이. 참 신기하데이. 무슨 이런 아기가 다 있노. 진짜로 신기하다."

부산 사투리로 할 수 있는 감탄사는 다 하신 듯 했다. 한참 낯가림을 할 때인데도 화상 입은 장로님의 얼굴이 아무렇지도 않은 듯 만지기도 하고 웃어주었다. 그 모습을 보고 있는 우리도 신기하고 감사할 따름이었다. 그렇게 웃으며 이야기를 나눌 무렵 온유가 장로님을 위해 기도해주겠다며 그 분 옆으로 성큼성큼 다가섰다.

"온유가 기도해줄 거야?"

장로님의 말씀에 온유는 웃음 가득한 얼굴로 "네"라고 대답했다. 그러더니 장로님의 얼굴에 손을 올리고 기도를 시작했다.

"하나님, 감사합니다. 장로님의 얼굴이 많이 아프신데 하나님이 치료해주세요. 예수님의 이름으로 기도합니다. 병든 사람에게 손을 없은즉 나으리라 하시더라, 아멘."

온유의 기도를 받으신 장로님이 온유를 품에 안으시고 목이 멘 채 흐느끼셨다.

"온유야, 고마워."

장로님과 온유의 모습에 우리 모두는 눈물바다가 되어버렸다. 여러 차례 수술로 병원에 계실 때 온유 또래의 아이들과 여러 번 마주친 적이 있으셨는데 아이들을 너무 사랑하시기에 친해지려고 다가가셨다고 한다. 하지만 장로님을 본 아이들은 하나같이 무섭다고 도망가버리고 이상하게 보며 피했고, 그 모습을 보면서 마음 고생을 많이 하셨다고 했다. 그런데 아무렇지 않은 듯 온유가 장로님의 얼굴에 손을 대고 품에 안겨 기도해주는 모습에 그동안의 상처가 녹아내리셨다고 한다.

조이도 장로님과 전도사님께 갈라디아서 2장 20절 말씀과 영어로 시편 23편을 암송해드리고 장로님 품에 안겨 얼굴에 손을 얹고 기도를 했다.

"하나님, 감사합니다. 장로님께서 회사에 불이 나서 얼굴을 많이 다치셨는데 이렇게 치료해주셔서 감사합니다. 미국에 가실 때 안전하게 잘 다녀오게 해주시고, 병든 사람에게 손을 얹은즉 나으리라 하시더라 하신 말씀처럼 얼굴도 더 깨끗하게 치료해주세요. 예수님의 이름으로 기도드렸습니다. 아멘."

내가 그리스도와 함께 십자가에 못 박혔나니 그런즉 이제는 내가 사는 것이 아니요 오직 내 안에 그리스도께서 사시는 것이라 이제 내가 육체 가운데 사는 것은 나를 사랑하사 나를 위하여 자기 자신을 버리신 하나님의 아들을 믿는 믿음 안에서 사는 것이라 갈 2:20

아이들과 함께 아픈 곳이 있으면 마가복음 16장 말씀을 선포하며 늘 아픈 곳에 손을 올리고 기도했었다.

믿는 자들에게는 이런 표적이 따르리니 곧 그들이 내 이름으로 귀신을 좇아내며 새 방언을 말하며 뱀을 집어올리며 무슨 독을 마실지라도 해를 받지 아니하며 병든 사람에게 손을 얹은즉 나으리라 하시더라

막 16:17,18

늘 그렇게 기도하면서 치유의 하나님을 만나왔던 두 형제인지라 장로님의 얼굴이 아파 보이자 당연히 아픈 곳에 손을 얹고 기도를 했던 것 같다. 그 자리에서는 아무 말 하지 못했지만 조이와 온유, 사랑이가 참 고마웠다. 왜 하나님께서 함께 만나게 하셨는지 알 것 같았다. 그때 계속 이 말씀에 맴돌았다.

우리가 알거니와 하나님을 사랑하는 자 곧 그의 뜻대로 부르심을 입은 자들에게는 모든 것이 합력하여 선을 이루느니라 롬 8:28

조이와 온유는 함께 저녁식사를 하고 헤어지면서 장로님을 꼭 안아드리고 볼에 뽀뽀도 해드렸다. 아이들의 행동에 감격하신 장로님께서 용돈도 주시고 할 수 있는 표현을 다해 아이들을 사랑해주셨다. 집으로 오는 길에 아빠의 핸드폰으로 그림을 그려 보여주는데 오늘 만난 장로님이라고 했다. 그림 속의 장로님은 환하게 웃고 계신 모습이었다. 조이의 그림을 장로님께 보내드렸더니 바로 답장을 보내주셨다.

'조이야 고마워! 장로님이 조이랑 온유랑 사랑이를 만나 정말 행복하고 즐거웠단다. 또 만나자!'

나중에 지은이로부터 들은 이야기지만 장로님께서 아이들을 통해 정말 많은 위로를 받으시고 감동을 받으셨다고 했다. 또 조이의 그림을 받고 어린아이처럼 좋아하셨다며 고맙다는 말을 아낌없이 들었다.

역시 하나님께서 하시는 일에는 특별한 섭리가 있다. 부족한 우리 가정을 통해 또 아이들을 통해 일하시는 하나님이 감사하고 또 감사했다. 어린아이들과 젖먹이들의 입으로 권능을 세우시는 하나님께서 작은 아이들을 통해 한 분의 마음의 상처까지 치유하시는 놀라운 은혜를 경험하는 하루였다. 하나님을 사랑하는 자 곧 그의 뜻대로 부르심을 입은 우리들에게 모든 것이 합력하여 선을 이루게 하신 하나님께 찬양을 드린다.

위기의 순간에 말씀을 의지하다

셋째 사랑이가 19개월쯤 되었을 때의 일이다. 아이들과 오전의 일정을 끝내고 오랜만에 컵라면이 먹고 싶다는 아이들의 부탁에 점심으로 라면을 먹기로 했다. 싱크대 위에서 뜨거운 물을 부어놓고

라면이 익을 무렵 아이들의 자리에 하나씩 놓아주었다. 인기 있는 컵라면이라기에 국물 맛을 살짝 보고 내려놓았다.

그때 마침 전화가 왔다. 그런데 몇 초 지나지 않아 바로 옆에 서 있던 사랑이가 자지러지게 울음을 터트렸다. 너무 놀라서 봤더니 내가 국물을 마셨던 것을 그대로 흉내 내서 컵라면을 들고 뜨거운 국물을 마셨던 것이다. 뜨거운 국물이 사랑이의 입에서 목을 타고 배까지 흘러 건더기와 국물이 옷에 범벅이 되었다.

너무 놀라고 당황한 나머지 아무 생각도 할 수가 없었다. 일단 뜨거운 몸을 식혀야 한다는 생각에 싱크대에 물을 틀어놓고 사랑이의 몸에 차가운 물을 부어댔다. 사랑이도 놀랐던지 그 순간 응아를 했고 뒷수습을 하기 위해 옷을 벗겼더니 목부터 배까지 벌겋게 달아 오른 화상 자국이 보였다.

나는 당황해서 정신없이 우왕좌왕 하고 있는데 내 눈 앞에 기도하고 있는 조이의 모습이 보였다. 무릎 꿇고 앉아 울면서 사랑이를 살려달라고 기도하고 있었다. 아이의 기도하는 모습에 정신을 차리고 일단 병원을 다녀와야 할 것 같아 조이에게 온유를 부탁하고 주님을 외치며 사랑이를 안고 병원으로 달려갔다.

사랑이의 몸 상태를 보시던 선생님께서 일단 좀 지켜봐야 할 것 같다면서 처방해주시고, 부풀어 오르면 바로 병원으로 오라고 하셨다. 응급 처치를 받고 돌아오는 길에 하나님께 기도를 드렸다. 엄마의 부주의함 때문에 사랑이에게 평생 씻을 수 없는 흉터를 남기

게 되지는 않을까 염려가 되었지만 더 심하지 않은 게 감사했고, 건더기가 얼굴로 흘러내리지 않은 게 감사했고, 무엇보다 엄마보다 먼저 무릎을 꿇어준 조이의 기도가 감사해서 눈물이 흘러내렸다.

집에 돌아와 보니 퉁퉁 불어서 형태를 알아보기 힘든 라면이 나를 반겨주었다. 점심 시간을 훌쩍 넘겼지만 배가 고프지도 않았다. 계속 멈추지 않는 심장과 떨리듯 흔들거리는 다리만이 느껴질 뿐이었다. 겨우 물 한 모금을 마시고 있는데 조이가 다가오더니 물었다.

"엄마, 사랑이 어떻대요?"

"응, 조금 지켜봐야 될 것 같대. 조이가 기도했으니까 하나님께서 깨끗이 치료해주실 거야. 먼저 기도해줘서 고마워."

"엄마, 죄송합니다. 엄마가 전화 받으실 때 제가 사랑이를 잘 봤어야 했는데…. 저 때문에 사랑이가 다쳤어요."

결국 조이가 울음을 터뜨렸다.

"아니야, 너 때문에 사랑이가 다친 게 아니야. 엄마가 더 주의했어야 했는데…."

조이랑 끌어안고 같이 울었다. 속 깊은 조이가 고마웠고, 사랑이에게 너무 미안했다. 화상 입은 부위가 많이 쓰라리고 후끈거리며 아팠을 텐데 의외로 사랑이의 컨디션은 좋았고 저녁에 다함께 예배를 드리며 아이의 치유를 위해 다시 함께 손을 모았다. 여자아이라 혹시나 목과 가슴 부위에 흉터가 남게 되면 평생 볼 때마다 가

슴 아플 생각에 더 간절하게 하나님을 바라며 말씀을 의지해 기도
했다.

다음날 아침이 되어 사랑이의 상처를 확인해 보니 턱 아래쪽에
엄지 손톱만큼과 가슴 부위에는 엄지 손가락만큼의 약간의 흉터만
있을 뿐 다른 목과 가슴, 배에는 아무 흔적도 없었다. 감사했다.
지금은 흉터가 조금 있던 부위도 깨끗하게 치유되었다. 하나님께
서 우리 가족의 눈물의 기도를 들어주시고 응답해주심에 참 감사
했다.

위기의 순간에 무릎을 꿇는 사람이 진정한 기도의 사람이라고 가
르치며 기도해야 하는 자리에 아이들과 손을 모아 왔지만 정작 나
는 기도의 사람은 아니었다. 위기에 순간에 우왕좌왕 당황만 하고
있었으니 말이다. 위기의 순간에 손을 모으는 것은 결코 쉽지 않은
일이다.

하지만 어릴 때부터 위기 앞에 기도할 수 있는 사람으로 훈련되
고 성장한다면 어떠한 위기와 고난과 환난이 온다 할지라도 그 순
간에 좌절하고 절망하기보다는 감사로 눈물로 기쁨으로 기도할
수 있는 기도의 용장이 되리라고 나는 믿는다.

난 어려서 불신자 부모님 아래서 성장했기에 이런 믿음과 신앙
을 배울 수 있는 기회가 없었지만 내게는 내가 가르치고 신앙을 흘
려보내야 하는 믿음의 유업들이 있기에 더욱 깨어 기도하고 제대로

바르게 가르쳐야 함을 깨닫는다. 연약하고 부족한 엄마지만 함께 동역해 나갈 귀한 자녀들이 있음에 감사하고 넘어졌다가도 다시 일어설 수 있도록 힘을 주시는 그분이 있기에 감사하다. 자녀를 통해 배우게 하시고 귀한 자녀들을 부족한 엄마에게 보내주신 하나님께 마음을 다해 감사드린다.

그리스도의 향기를 전하는
믿음의 가족

꽃이 떨어져야 맺는 열매

**너희가 열매를 많이 맺으면 내 아버지께서 영광을 받으실 것이요 너희는
내 제자가 되리라** 요 15:8

내 인생의 제1막이었던 학창 시절은 참 쉽지 않은 믿음의 길이었
다. 불신 부모님 아래서 반항하듯이 신앙의 자리를 지켜야 했다. 넘
어야 할 환난과 핍박은 내 믿음에 없어서는 안 될 거름이 되어주었
고 아름다운 열매를 맺기 위한 중요한 과정이었다.

학창 시절에는 SFC(Student for Christ, 개혁주의 신앙과 생활을 확립
하여 학원과 세계의 복음화를 위해 헌신하는 학생신앙운동) 운동원으로
활동했다. SFC의 생활 원리가 하나님 중심, 성경 중심, 교회 중심이
었기에 말씀의 중심에서 교회와 학교 안에서 날마다 주님과 동행하
며 흔들리지 않는 믿음으로 살아갈 수 있도록 인도해주었다.

　혹독하게 추운 겨울을 외롭게 이겨내며 싹을 틔우고 세차고 모진 비바람을 맞으며 꽃봉오리를 준비하던 이때에 하나님께서는 친히 말씀의 좋은 토양과 영혼을 적시는 충분한 물과 품고 안아주시는 적당한 일조량이 되어주셔서 아름다운 꽃을 피울 수 있도록 준비해 주셨다.

　꽃망울이 하나 둘씩 맺히기 시작할 무렵, 10대에 꿈을 꾸고 20대에 준비하여 30대에 영향력을 발하는 인생이 되라는 원 베네딕트 선교사님의 말씀이 도전이 되어 하와이 열방대학에서 제자 훈련을 받았다. 당시 나는 20대의 끝자락에 서 있던 꿈 많은 디자이너였고, 결혼 적령기였던 딸의 어이없는 도전에 반대하는 부모님이 계셨고, 미국 비자마저 거절되었던 어려운 상황이었다.
　하지만 모든 것을 내려놓고 제자의 삶을 선택했을 때 하나님은 막혀 있던 모든 길을 열어주셨고, 그 시간은 인생의 제2막이었던 청년 시절에 삶의 전환점이 되었다. 하나님을 바로 알고 주님을 뜨겁게 사랑하며 주님의 사랑을 품은 뜨거운 심장으로 살아가던 이때에 나는 그리스도의 향기를 전하는 가장 아름답고 화려한 꽃을 피울 수 있었다.

그것도 잠시, 결혼을 하고 아이를 낳아 아줌마라는 호칭을 달게 되었다. 그럼에도 나만큼은 영원히 지지 않는 꽃이 되리라 다짐했다, 아니 그렇게 믿고 싶었다. 향기가 전해지는 것이 좋았고 아름다움을 바라보는 시선이 마냥 좋았기 때문이다.

하지만 내 다짐이나 기대와는 달리 그 어떤 꽃도 영원할 수 없으며 꽃이 떨어져야 그곳에 풍성하고 탐스러운 열매가 맺히는 것이 자연의 법칙이자 하나님의 법칙인 것을 첫 아이를 낳고서야 깨닫게 되었다. 아름답고 화려했던 '나'라는 꽃이 떨어짐과 동시에 열매가 맺히기 시작했고 인생의 제3막도 시작되었다.

그저 화려하기만 하고 아무 열매 없던 내 삶에 303비전을 통해 농부되시는 하늘 아버지의 손길이 머물 때마다 내 삶과 자녀와 가정에 탐스럽고 풍성한 열매들이 맺히기 시작했고, 첫 번째로 거둔 수확이 '말씀 심는 엄마'였다.

첫 번째 책인 《말씀 심는 엄마》가 출간되고 적잖은 시선들이 우리 가정에 머물렀다. 주위에서 혹은 교회에서 그리고 신문과 라디오, TV까지 다양한 시선을 받아야 했다. 하나님께서 행하시는 많은 일들이 책 한 권을 통해 평범한 우리 가정에 폭풍처럼 휘몰아쳤다. 아무것도 아닌 가정을 사명자로 세우시고 그에 합당한 모습으로 다듬어 가시는 모든 과정들이 처음엔 감당하기 어려운 일들로 느껴져 지극히 평범했던 시절로 돌아가고 싶기도 했다.

하지만 은혜 가운데 만들어 가시는 하나님의 새로운 역사의 한 자락에 떨어지는 부스러기라도 주워 먹는 심정으로 맡겨주신 사명을 감당하게 되었다. 우리 가정을 향한 강도 높은 태풍 속에서 주시되는 눈을 의식하며 부담스러워 할 것이 아니라 우리를 직시하고 계시는 하나님을 의식하며 겸손하고 온전히 하나님 앞에 반응하며 바로 서는 가정이 되자고 서로를 격려했다.

태풍의 주위에는 엄청난 강풍과 비가 몰아치지만 태풍의 눈은 고요하고 조용한 것처럼 정작 피부로 느껴야 할 우리는 태풍의 눈 한 가운데에 있는 것처럼 평안할 수 있었다. 수차례 거센 폭풍우와 태풍이 우리 가정을 거쳐 지나갔지만, 말씀의 옥토 위에서 맡겨주신 존귀한 자녀들에게 말씀과 믿음의 유업을 전수하는 귀한 사역에 부족한 가정을 사용하여주시니 감사밖에 드릴 것이 없다. 여전히 놀라운 일들을 행하시고 더욱 풍성한 열매를 맺도록 인도해주시는 주님께서 제3막을 함께 써 가고 계신다.

여호와를 찬송할지어다 견고한 성에서 그의 놀라운 사랑을 내게 보이셨음이로다 시 31:21

한 알의 밀알이 되어

진리 위에 서서 말씀으로 준비된 아이들이 민족과 열방에 귀한 통로로 사용될 인생의 제4막이 기대되고 설렌다. 어떤 모습으로 쓰임받게 될지 알 수 없지만 하나님나라와 교회와 복음을 위해 사용되길 소망하며 기도하고 있다.

내 자녀와 가정에 물질의 복, 건강의 복, 만남의 복, 온갖 복을 구하던 때가 있었다. 부어주시는 축복을 싫어하고 마다할 사람은 없기에 나 역시 하늘의 복을 갈구했다. 하지만 말씀의 자리에, 예배의 자리에 나아갈 때마다 깨닫게 되는 것은 구하는 복보다 가장 큰 복을 이미 받았다는 것이다. '구원'이라는 측량할 수 없는 큰 축복을 이미 주셨는데 그 어떤 복을 더 구할 수 있단 말인가.

"여호와는 나의 목자시니 내게 부족함이 없으리로다"(시 23:1).

습관처럼 암송하는 말씀이지만 구원하심이 보좌에 앉으신 우리 하나님과 어린양에게 있고, 그 길로 인도하시는 분이 목자 되시는 여호와이시기에 사실 이 말씀 한 절이면 더 이상 구할 복이 없다. 다만 끝까지 그리스도를 믿어 구원에 이르고 복음과 진리의 자리에 서 있기를 간구할 뿐이다.

이제는 내 자녀와 우리 가정이 아름답고 풍성한 믿음의 열매 맺는 것을 넘어 통일 한국과 다시 오실 주님의 재림을 위해 복음의 통로로 쓰임 받는 한 알의 밀알이 되기를 소망한다. 세례 요한처럼 주님이 오실 길을 예비하는 순교자의 사명으로, 썩어가고 죽어가는 이 세상에서 '죽으면 죽으리라'는 각오로 부족한 우리 가정이 한 알의 밀알이 되어 녹아질 때 더 많은 열매가 맺어지고 영광을 받으실 줄 믿는다.

주님 오시는 그날까지 진리의 기둥과 터 위에 서서 진리의 말씀을 붙들기를 소망하며, 마라나타! 주 예수여 어서 오시옵소서.

내가 진실로 진실로 너희에게 이르노니 한 알의 밀이 땅에 떨어져 죽지 아니하면 한 알 그대로 있고 죽으면 많은 열매를 맺느니라 요 12:24

말씀 심는 가족

초판 1쇄 발행   2014년 10월 15일
초판 4쇄 발행   2023년 5월 20일

지은이   백은실

펴낸이   여진구
책임편집   김아진
편집   이영주 박소영 최현수 안수경 김도연 정아혜
책임디자인   마영애 노지현 조은혜 이하은
기획 · 홍보   진효지
마케팅   김상순 강성민   마케팅지원   최영배 정나영
제작   조영석   경영지원   김혜경 김경희 이지수

303비전성경암송학교 유니게 과정 박정숙
이슬비전도학교 / 303비전성경암송학교 / 303비전꿈나무장학회

펴낸곳   규장

주소 137-893 서울시 서초구 매헌로 16길 20(양재2동) 규장선교센터
전화 02)578-0003   팩스 02)578-7332
이메일 kyujang@kyujang.com   홈페이지 www.kyujang.com
트위터 twitter.com/_kyujang   페이스북 facebook.com/kyujangbook
등록일 1978.8.14. 제1-22

ⓒ 저자와의 협약 아래 인지는 생략되었습니다
이 출판물은 저작권법에 의해 보호를 받는 저작물이므로 무단 전재와 무단 복제를 할 수 없습니다.

책값 뒤표지에 있습니다.
ISBN 978-89-6097-377-0 03230

규 | 장 | 수 | 칙

1. 기도로 기획하고 기도로 제작한다.
2. 오직 그리스도의 성품을 사모하는 독자가 원하고 필요로 하는 책만을 출판한다.
3. 한 활자 한 문장에 온 정성을 쏟는다.
4. 성실과 정확을 생명으로 삼고 일한다.
5. 긍정적이며 적극적인 신앙과 신행일치에의 안내자의 사명을 다한다.
6. 충고와 조언을 항상 감사로 경청한다.
7. 지상목표는 문서선교에 있다.

하나님을 사랑하는 자 곧 그의 뜻대로 부르심을 입은 자들에게는 모든 것이 合力하여 善을 이루느니라(롬 8:28)

규장은 문서를 통해 복음전파와 신앙교육에 주력하는 국제적 출판사들의
협의체인 복음주의출판협회(E.C.P.A:Evangelical Christian Publishers
Association)의 출판정신에 동참하는 회원(Associate Member)입니다.